LOS PRINCIPIOS DEL
REINO

EDITORIAL PENIEL
Boedo 25
Buenos Aires, C1206AAA
Argentina
Tel. 54-11 4981-6178 / 6034
e-mail: info@peniel.com
www.peniel.com

Diseño de cubierta e interior:
ARTE PENIEL • arte@peniel.com

Publicado originalmente en inglés con el título:
Kingdom principle
Copyright © 2006 Myles Munroe
by Destiny Image, Shippensburg, PA
and Diplomat Press, Nassau, Bahamas
All rights reserved.

Munroe, Myles
Los principios del Reino. - 1a ed. - Buenos Aires : Peniel, 2008.
208 p. ; 21x14 cm.
Traducido por: María José Hooft
ISBN 10: 987-557-223-3
ISBN 13: 978-987-557-223-2
1. Vida cristiana. I. Traductor, Hooft, María José trad. II. Título
CDD 248

MYLES MUNROE

LOS PRINCIPIOS DEL REINO

BUENOS AIRES - MIAMI - SAN JOSÉ - SANTIAGO

www.**peniel**.com

Índice

✓ wrote about chapter

PREFACIO

Mientras me hallaba escribiendo este libro, en privado me hice las siguientes preguntas:

1. ¿Por qué hay tanto odio en el mundo?
2. ¿Por qué discriminamos a personas que poseen valor humano?
3. ¿Por qué hay racismo en el mundo?
4. ¿Cuáles son los beneficios de la guerra?
5. ¿Por qué los hombres de todas las generaciones persiguen el poder aún a expensas de la paz?
6. ¿Por qué hay tantas religiones?
7. ¿Por qué tienen conflicto las religiones?
8. ¿Por qué no podemos amarnos unos a otros en la Tierra?
9. ¿Por qué no hay una religión lo suficientemente buena para todos los hombres?
10. ¿Qué puedo hacer para marcar una diferencia en este mundo?
11. ¿Por qué siempre hay tensión entre la política y la religión?
12. ¿Habrá alguna vez paz mundial y armonía sobre la Tierra?
13. ¿Por qué el avance científico e intelectual del hombre no ha sido capaz de resolver sus problemas sociales, culturales y religiosos?
14. ¿Hay esperanza para nuestro mundo?
15. ¿Qué hay acerca del futuro para nuestros hijos? ¿En qué clase de mundo les tocará vivir?

Hacerse estas preguntas simplemente puede encender un espíritu de depresión y desánimo, ya que ellas exponen las deficiencias y defectos de la humanidad y arrojan un manto de dudas sobre nuestros logros como raza, así como también sobre nuestro potencial para mejorar nuestra suerte.

Sin embargo, deseo declarar con esperanza positiva y entusiasmo que este libro presenta la solución: una idea que es más antigua que el tiempo, pero a la vez tan fresca como la mañana, al referirse al clamor de la humanidad en su búsqueda por un mundo mejor. Esta solución no se halla en la religión o la política, sino en una noción que ha sido malinterpretada por más de seis mil años; un concepto que fue establecido en la fundación del mundo, pero que se perdió. Es una palabra que afirma el valor, igualdad, significado y propósito de cada uno de los más de seis mil millones de humanos sobre este planeta, los cuales merecen lo mejor en la vida. Es acerca de usted, yo y algo que siempre fue nuestro por derecho divino. Es una idea maravillosa que ha dormido en estado latente por siglos, esperando ser descubierta.

Este libro trata sobre el propósito original para usted, la existencia y la fuente de significado que hay detrás de su vida. En estas páginas descubrirá la motivación divina del Creador, el diseño y el mandato para su creación y el rol de usted en esa creación. Luego de leer este libro, estará equipado para responder algunas de las preguntas que nos formulamos anteriormente. Estoy convencido de que también llegará a creer, al igual que yo, que sí hay esperanza para la humanidad, pero solo si nos reconectamos con la fuente de la creación y con los conceptos originales de nuestro Creador para la vida en el planeta Tierra.

Moisés, el gran libertador y ex príncipe de Egipto, registró en sus escritos por primera vez esa idea hace tres mil quinientos años, documentando la narrativa de la creación. Pero ya entonces era un concepto antiguo, incluso en sus días. Entonces, hace dos mil años, esta maravillosa idea fue reintroducida por un joven maestro aldeano proveniente de Galilea; pero más tarde fue malinterpretada y se perdió en la complicada formación de otra religión.

¿Cuál es la idea? ¡El Reino!

Cuando uno oye la palabra *reino*, inmediatamente muchas ideas, conceptos e imágenes diferentes vienen a la mente. La mayoría de nuestros conceptos en la vida son el resultado de nuestra cultura, desarrollo social y educación formal e informal. Somos producto de nuestra cultura e interpretamos el mundo a través de nuestro condicionamiento mental.

En nuestro mundo moderno, el concepto de *reino* –en su sentido más puro y original– se ha perdido. No existe más en las mentes de las personas de la civilización occidental, particularmente en las pasadas generaciones, porque todos los prototipos existentes han sido abandonados o destruidos. Como ya no hay reinos o remanentes de ellos en el mundo occidental, vivimos en una generación en la cual el verdadero significado del mayor mensaje jamás contado, no puede ser entendido plenamente.

Este libro intentará apuntar a esa preocupación. El objetivo es reintroducir los conceptos, principios y naturaleza de los verdaderos reinos auténticos, tal como fueron presentados por el Creador, y mostrar la naturaleza superior y más beneficiosa del Reino en comparación con cualquier religión, ideología política, sistema de gobierno o programa social. Acompáñeme a explorar juntos y entender los preceptos y principios del Reino.

Introducción

La mayor amenaza para la sociedad civil es la humanidad misma. Todos los días la avalancha de imágenes en nuestras pantallas nos cuenta la triste historia. Sangre, muerte, conflictos, odios, temor, pobreza, hambre, violaciones, genocidio, refugiados y migración, desastres naturales, bombardeos diarios, incertidumbre económica, inmigración, corrupción corporativa, decadencia moral, revolución sexual y choques contraculturales: todos ellos testifican el hecho innegable de que somos nuestro peor enemigo.

Todas nuestras universidades, toda la tecnología del ciberespacio, los teléfonos celulares, los comités de expertos, las reuniones del G-8, las políticas fiscales e inmigratorias, los avances médicos, los experimentos sociales, las conferencias religiosas, las marchas a favor de la paz y las declaraciones de cese del fuego sobre la Tierra parecen colapsar al son de nuestro destructivo espíritu de autoimposición. Construimos edificios y luego los bombardeamos; creamos armas y luego las usamos contra nosotros mismos, inventamos medicamentos que sanan y luego se los negamos a los enfermos; mejoramos Internet para elevar la comunicación mundial y luego la usamos para destruir la moral de nuestros hijos. Definitivamente, nosotros somos nuestro mayor enemigo.

El origen de la religión

Todo esto se agrava por nuestro establecimiento de religiones sofisticadas adonde nos retiramos para escapar del caos social que hemos generado. La religión es la fuerza más poderosa que hay sobre la Tierra. A pesar de que muchos opinen lo contrario, todos los que viven en este planeta son religiosos. La religión se define como la adherencia a un conjunto de creencias que regulan el comportamiento moral, social y ritualista del individuo. Esta definición incluiría a los llamados ateos, no religiosos, comunistas, socialistas, humanistas o agnósticos, porque todos ellos adhieren a un sistema de creencias de alguna clase, aun si es la creencia de que no hay componente providencial en la creación o la vida tal como la conocemos, o una creencia en el poder del humano como la medida suprema de la verdad y de lo bueno.

Prácticamente cada problema de mayor envergadura en la historia y en nuestro mundo contemporáneo puede remitirse a la fundación de algunas religiones. La religión ha motivado la masacre de millones de personas a lo largo de los años en episodios tan horrorosos como las Cruzadas, la Inquisición, y las guerras relacionadas con la Reforma Protestante y la Contrarreforma Católica. La esclavitud, la limpieza étnica, el *apartheid*, la segregación, la discriminación racial, y otras prácticas opresivas han sido todas justificadas por algún código o sistema religioso.

Incluso este nuevo milenio comenzó con actos definitivos de terrorismo religioso. Los ataques terroristas del 11 de septiembre de 2001 enviaron ondas dinámicas a través de todo el sistema nervioso de la humanidad, y actualmente continúa inflamando los fuegos del conflicto, odio, temor y asesinatos en todo el mundo. Qué irónico es el hecho de que la religión, la misma que por su naturaleza se supone que debería brindar la solución a los problemas de la humanidad y traer esperanza y fe para la vida, ha creado más problemas a lo largo de toda la historia de los que ha resuelto.

Tal vez esa sea una razón para que tantos millones de personas le hayan dado la espalda a toda forma de religión institucionalizada, optando por abrazar filosofías tales como el humanismo, comunismo y agnosticismo. Algunos sencillamente se dieron por vencidos y perdieron toda esperanza en la humanidad. Yo mismo he luchado por mucho tiempo para reconciliarme con esta dicotomía de la naturaleza humana: nuestro deseo de adorar y servir a alguna deidad que decimos que es benevolente y amorosa, mientras que a la vez demostramos un celo destructivo motivado por nuestra lealtad a la misma deidad. A lo largo del camino también, perdí la fe en el concepto de la religión, y en un sentido real tuve que buscar algo más allá y tanto más superior que estas prácticas defectuosas creadas por el hombre.

Pero aun así, la religión es un fenómeno natural que existe en alguna forma en toda cultura humana, y siempre lo ha hecho. Las sociedades primitivas y modernas por igual, manifiestan rituales religiosos que definen su cultura y vida comunitaria. Esto nos lleva a la pregunta natural: ¿Cuál es el origen de la religión, y por qué es una característica tan natural e inherente al espíritu humano?

Treinta y cinco años de investigación y búsqueda personal en la exploración de esta pregunta me han hecho arribar a la conclusión de que la religión es el resultado de un hambre inherente que el hombre no puede definir, pero que igualmente necesita satisfacer. Esta necesidad indefinible surge de un vacío creado por la pérdida de algo que el hombre solía poseer, y lo conduce a buscar respuestas más allá de su propia dimensión. Generaciones de humanos han intentado satisfacerla a través de supersticiones, rituales sofisticados, costumbres y hasta prácticas que a menudo parecen desafiar la lógica y la razón. La mayoría de las religiones y actividades intentan lidiar con las cuestiones de la existencia de la humanidad y su propósito, así como también sobre la vida después de la muerte y el mundo espiritual desconocido. Muchas son atractivas ya que prometen a sus seguidores poder para controlar las circunstancias de sus vidas cotidianas. Que estas promesas puedan ser cumplidas o no es otro asunto.

El propósito de este libro es ayudarlo con estas preguntas y presentarle una proposición que va más allá de la religión, directo al corazón de la mayor necesidad de la humanidad, y ofrece una solución a esta búsqueda universal. Estoy convencido de que cada persona en la Tierra en última instancia busca dos cosas en la vida: poder y propósito. Todos nosotros buscamos el sentido de nuestra existencia y el poder para controlar nuestras circunstancias en la vida; para determinar el futuro y predecir lo desconocido; sobre la vida y la muerte. Buscamos el propósito y el poder de muchas maneras: religión, política, dinero, fama, notoriedad, reconocimiento e influencia. Esa búsqueda es el origen primario y la motivación para el desarrollo de la religión.

Todas las religiones son iguales

Todas las religiones son iguales en el sentido de que intentan ofrecer respuestas a la preguntas sobre poder y propósito. Prometen poder para controlar las circunstancias y explicar la vida y la muerte. Todas ellas dicen tener la verdad y se atribuyen la superioridad en comparación con las otras. Se comparan y compiten entre sí. Demandan adherencia a su sistema particular de creencias, mientras que niegan el de las demás. Son motivadas por contienda y usualmente prosperan en culturas aisladas que excluyen a otros segmentos de la humanidad. De hecho, todas las religiones parecen gloriarse de un espíritu de segregación y separatismo. En vez de unir a la humanidad con un poder en común y el conocimiento del propósito, la religión ha demostrado ser en cambio la gran fuente de divisiones en la humanidad.

La respuesta no-religiosa

Este no es un libro religioso, sino que trata sobre un concepto que fue presentado en el principio de la creación del hombre. Sobre el origen de la búsqueda, por parte de la humanidad toda, y su ausencia, la razón por la que el hombre "inventó" la religión. Antes de comenzar a discutir este concepto dinámico, es necesario referirnos al documento en donde primero se introdujo el término. En el Libro de los comienzos –el primer libro de Moisés– el gran escritor hebreo y libertador, estas palabras explican la razón de la búsqueda de propósito y poder por parte de la humanidad:

*Y [Dios] dijo: 'Hagamos al ser humano a nuestra imagen y semejanza. Que tenga **dominio** sobre los peces del mar, y sobre las aves del cielo; sobre los animales domésticos, sobre los animales salvajes, y sobre* *todos los reptiles que se arrastran por el suelo'* (Génesis 1:26, énfasis añadido).

Estos documentos son la declaración más importante jamás hecha respecto de la humanidad. Declaran la motivación, naturaleza, propósito y mandato detrás de la creación de la raza humana. Tal como ponen en claro, el dominio es el propósito que yace detrás de la creación y existencia del hombre. La palabra *dominio* aquí se traduce de la palabra hebrea *mamlakah*, la cual también puede ser traducida como reino, gobierno soberano o poder real. En esencia, la humanidad fue creada para tener gobierno sobre la Tierra.

Lo primero que el Creador le dio al hombre fue un reino. Esta misión inicial y mandato del reino es el propósito primario del Creador y la motivación para sus criaturas humanas. El dominio crea el marco para todos los deseos, pasiones y actividades de la humanidad, es la llave para su realización y paz tanto en el ámbito personal como colectivo. También es el fundamento y origen de su necesidad de controlar y regir sobre su entorno y circunstancias. Es un mandato de reino que valida el deseo de poder que el hombre tiene. El poder es natural para el espíritu humano.

La pérdida de poder

El fracaso de la humanidad mediante la desobediencia a su Creador resultó en la pérdida de su dominio sobre la Tierra. Perdió su mandato de reino, su don divino de poder. En suma, el hombre perdió su reino. Es importante notar aquí que cuando el hombre cae de la gracia, pierde un reino, no una religión. Pierde dominio sobre la Tierra; no pierde el Cielo. Por lo cual, el objeto de la búsqueda de la humanidad no es una religión ni el Cielo en sí mismo, sino su reino perdido.

Esa es la razón por la cual la religión nunca podrá satisfacer la profunda hambre que hay en el corazón del hombre. La religión es en sí la búsqueda. Ninguna religión puede sustituir el reino o llenar el vacío que existe en el alma humana. El hambre del corazón humano es por el reino perdido.

El mensaje de La Biblia

Una mirada cuidadosa y sincera a los escritos bíblicos nos revelará que el mensaje fundamental de este libro –ampliamente malinterpretado– trata de un Rey y su Reino. La Biblia no es primordialmente un libro sobre religiones o rituales, sino sobre el establecimiento de un gobierno de reino en este planeta que proviene del plano celestial. Es acerca de un proyecto divino de gobernar la Tierra desde el Cielo mediante la humanidad. En términos prácticos, La Biblia trata sobre una familia real a la que se le mandó colonizar la Tierra desde el Cielo.

Esta misión del Reino es la prioridad de Dios el Creador y el objeto de la búsqueda inherente a toda la humanidad.

Interpretar incorrectamente a Jesús

Creo que nadie que haya vivido jamás ha sido tan malinterpretado como Jesús, el joven maestro que nació, no por preferencia sino por promesa, a través de la línea de Abraham, el patriarca hebreo del Antiguo Testamento. Por esto los musulmanes lo rechazan, los hindúes sospechan de Él, los budistas lo ignoran, los ateos lo odian y los agnósticos lo niegan. Pero también aquellos que dicen conocerlo mejor –los cristianos– lo han malinterpretado y, por ende, lo han representado de manera incorrecta.

Si esta última frase suena extravagante y fuera de lugar, permítame animarlo a leer el resto del libro antes de cerrar su mente a esta posibilidad. En mi propia vida, me he reconciliado con mis defectos personales surgidos de mi entendimiento de Jesús y de su mensaje. Este libro demostrará sin dudas que el mensaje de Jesús, su misión, pasión y propósito no fueron establecer una religión de ritos y reglas, sino más bien reintroducir un Reino. Todo lo que Jesús hizo y dijo, sus oraciones, enseñanzas, sanidades y milagros, estaba centrado en un Reino, no en una religión. Jesús estaba preocupado por el Reino; esa era su más alta prioridad, su mandato celestial.

Aquellos a los que vino primero, los judíos, interpretaron errónea-mente a Jesús, viéndolo como a un rebelde, un inadaptado social y un fanático. En sus mentes Él era, cuando menos, un maestro ra-bínico descarriado que desparramaba herejías que contaminaban las enseñanzas y leyes de Moisés y del judaísmo. En verdad, eran ellos quienes habían reducido el mensaje de Moisés a una religión sofisti-cada, en donde la estricta observancia de las leyes se había vuelto más importante que el propósito original de estas. Y esperaban que Jesús hiciera lo mismo. La intención original del mandato de Dios a Moi-sés no era establecer una religión, sino una nación de personas que lo amaran, sirvieran y honraran: un *real sacerdocio y nación santa* (vea 1 Pedro 2:9).

Los musulmanes lo malinterpretan tomándolo por uno más en la línea de los profetas, un gran maestro, un buen hombre y un gran profeta, pero que no llegó a hacer una obra completa en cuanto a la redención de la humanidad.

Los hindúes lo malinterpretan considerándolo un buen maestro, buen hombre, y simplemente otra deidad para añadir a su lista de dio-ses que brindan un servicio a su necesidad de seguridad espiritual.

Los ateos, agnósticos y humanistas lo ven meramente como un hombre, una figura histórica, a quien un grupo de hombres desca-rriados transformaron en un dios u objeto de adoración. Ellos reco-nocen que Jesús existió, pero niegan cualquiera de sus milagros así como también su proclamación de divinidad.

Los medios, la ciencia y los no religiosos lo ven como un blanco fácil para la investigación y la crítica. Ellos lo reconocen como un sujeto interesante para discusiones, debates y teorías, mientras que pasan por alto sus declaraciones de divinidad y cuestionan su vali-dez, integridad y, a veces, su misma existencia.

Los cristianos han malinterpretado a Jesús al verlo como el fun-dador de una religión, transformando sus enseñanzas y métodos en costumbres, y sus actividades en rituales. Muchos han reducido su mensaje a nada más que un plan escapista para llegar al Cielo, y sus promesas como meros seguros contra incendio, para escapar de los dolores de un infierno atormentador.

Pero un simple estudio y revisión de su mensaje y prioridades, revelan que Jesús tenía tan solo un mensaje, un mandato y una misión: el regreso del Reino de los cielos a la Tierra. Desde el mismísimo comienzo Jesús dejó en claro que la principal necesidad de la raza humana, y la única solución al dilema de la humanidad, era el Reino de los cielos. Sus primeras declaraciones en público revelan la prioridad de su Reino:

Desde entonces comenzó Jesús a predicar: 'Arrepiéntanse, porque el reino de los cielos está cerca' (Mateo 4:17).

Dichosos los pobres en espíritu, porque el reino de los cielos les pertenece (Mateo 5:3).

El primer anuncio de Jesús fue el arribo del Reino de los cielos. Su solución al espíritu humano desnutrido y quebrado no fue una religión sino el Reino de los cielos. En otras palabras, si está pobre espiritualmente, solo el Reino satisfará y saciará su hambre. El Reino es la prioridad de Dios y debe convertirse en la nuestra si queremos vencer la confusión de las religiones y la amenaza de autodestrucción.

RELIGIÓN CONTRA REINO

El poder de la religión radica en su capacidad de servir como un sustituto del Reino y, por lo tanto, obstaculizar a la humanidad en la búsqueda de la respuesta genuina a su dilema. Mi estudio de la naturaleza de la religión y cómo impacta el proceso de la búsqueda del hombre del Reino, sacó a luz varias verdades significativas:

La religión preocupa al hombre hasta que halla el Reino.
La religión es lo que el hombre hace hasta que halla el Reino.
La religión prepara al hombre para dejar la Tierra; el Reino le da el poder para dominar la Tierra.
La religión se enfoca en el Cielo; el Reino se enfoca en la Tierra.
La religión es alcanzar a Dios; el Reino es Dios viniendo al hombre.

La religión quiere escapar de la Tierra; el Reino impacta, influencia y cambia la Tierra.

La religión quiere llevar la Tierra al Cielo; el Reino quiere traer el Cielo a la Tierra.

Tal vez por eso Jesús se dirigió a los líderes religiosos de su tiempo tan duramente cuando dijo:

¡Ay de ustedes, maestros de la ley y fariseos, hipócritas! Les cierran a los demás el reino de los cielos, y ni entran ustedes ni dejan entrar a los que intentan hacerlo. ¡Ay de ustedes, maestros de la ley y fariseos, hipócritas! Recorren tierra y mar para ganar un solo adepto, y cuando lo han logrado lo hacen dos veces más merecedor del infierno que ustedes (Mateo 23:13, 15).

Se acercaron a Jesús algunos fariseos y maestros de la ley que habían llegado de Jerusalén, y le preguntaron: '¿Por qué quebrantan tus discípulos la tradición de los ancianos? ¡Comen sin cumplir primero el rito de lavarse las manos!' Jesús les contestó: '¿Y por qué ustedes quebrantan el mandamiento de Dios a causa de la tradición?' (Mateo 15:1-3).

Así por causa de la tradición anulan ustedes la palabra de Dios (Mateo 15:6).

Porque les digo a ustedes, que no van a entrar en el reino de los cielos a menos que su justicia supere a la de los fariseos y de los maestros de la ley (Mateo 5:20).

Jesús les dijo: 'Les aseguro que los recaudadores de impuestos y las prostitutas van delante de ustedes hacia el reino de Dios' (Mateo 21:31b).

Queda claro a la luz de estas palabras que la religión es uno de los mayores obstáculos para el Reino. Tal vez, sea la causa de que todos nosotros le echemos otro vistazo al poder de la religión sobre nuestras vidas, cultura y sociedad.

DE REGRESO AL REINO

El cristianismo es una religión bien conocida, bien establecida, bien estudiada, bien investigada, bien documentada y bien distribuida; pero se sabe poco y nada acerca del Reino. De hecho, la mayoría de los que han sido entrenados en instituciones oficiales para entender la fe cristiana y propagar su presunto mensaje, se gradúan sin siquiera tomar un simple curso de estudios sobre el Reino. A menudo, tal curso no existe. Pocos de los llamados ministros ordenados y sacerdotes tienen alguna instrucción formal en cualquier concepto del Reino. Su prioridad es propagar la religión cristiana en vez del mensaje y los conceptos del Reino de Dios.

Esta perpetuación de la religión cristiana y sus rituales, costumbres y ritos, ha dejado un gran vacío en el mundo que debe y puede ser llenado solo entendiendo el Reino.

En este libro aprenderá qué es un reino, en qué consiste, cómo funciona, y todos los componentes que lo hacen singular. También descubrirá la diferencia entre un reino y una religión, y cómo se compara con otras formas de gobierno. Será instruido en principios de conceptos acerca del Reino, cómo ellos se relacionan con su diario vivir y cómo puede apropiarse de su ciudadanía del Reino aquí y ahora. Este libro le ayudará a ver que no puede apropiarse de lo que no comprende ni experimentar lo que posterga. Es una guía práctica para entender el mensaje más importante que la humanidad ha recibido jamás; un mensaje que el mundo entero necesita desesperadamente escuchar. Este libro lo equipará no solo para recibir ese mensaje, sino también para compartirlo eficazmente con otros.

Capítulo uno

La prioridad del Reino

Hacía mucho calor esa mañana, más de 32° C, y estaba húmedo. Yo tenía tan solo cinco años de edad y estaba emocionado. El calor no me molestaba en absoluto, porque ese día había sido elegido para liderar el juramento escolar y el canto del himno nacional. Todos estaban de pie, éramos más de trescientas personas, vestidas con nuestros uniformes (shorts marrones, medias blancas hasta casi la rodilla, camisas blancas almidonadas y pequeños corbatines) y sosteniendo la bandera del Reino Unido. Mientras jurábamos honrar y someternos a la reina, entonábamos dos canciones, que eran las primeras que se nos exigía aprender desde nuestro nacimiento. Todos sabíamos muy bien cada palabra y las cantamos con emoción y orgullo:

"Dios salve a nuestra honorable Reina, larga vida a nuestra noble Reina, Dios salve a la Reina. Que viva victoriosa, feliz y gloriosa, nacida para gobernarnos, Dios salve a la reina" [Traducido del himno *God Save the Queen*].

Luego, seguía flameando la bandera del Reino Unido de Gran Bretaña mientras que nuestras voces llenaban los aires con la segunda canción:

"Gobierna Bretaña, Bretaña gobierna las olas, los bretones nunca, jamás, serán esclavos". [Traducido del himno *Rule Britannia*].

Me llevó casi toda una vida entender, apreciar y de alguna manera vencer el impacto de estas experiencias históricas de mi niñez. Hoy comprendo que lo que me sucedió en esos días escolares ilustra la naturaleza de los reinos. En aquel tiempo estábamos en el proceso de ser plenamente colonizados y nos enseñaban a convertirnos en verdaderos súbditos de un reino y adoradores obedientes de la soberanía. Éramos parte de un reino global cuya cultura era diferente a la que habíamos heredado. Cada día se sentía el impacto de un reino extranjero.

Incluso hoy, cincuenta años más tarde, el impacto de ese reino se percibe todavía, se siente, se oye, y se experimenta en cada parte de nuestra nación independiente de Las Bahamas. Todavía uso corbata aunque haga 30°C de calor; todavía bebo té cada día; todavía conduzco por la mano derecha de la calle. En cierta manera, supongo, todavía estoy mentalmente bajo la influencia de ese reino. Cuando el reino se vuelve nuestra prioridad, su impacto se torna una realidad. Este libro trata sobre otro Reino cuya bandera todos deberíamos llevar y sobre otro Rey a quien deberíamos entonar canciones.

REDESCUBRIR LA PRIORIDAD

El mayor secreto para vivir eficazmente sobre la Tierra es entender el principio y el poder de las prioridades. La vida en la Tierra no guarda un desafío mayor que las complicadas demandas diarias de escoger entre dos alternativas que compiten entre sí por nuestro tiempo limitado. Nuestra vida es la suma total de todas las decisiones que tomamos diariamente, y ellas están determinadas por nuestras prioridades. Cómo usemos nuestro tiempo cada día, finalmente definirá nuestras vidas. La vida fue diseñada para ser simple, no complicada. La clave para simplificarla está en priorizar. Identificar la prioridad correcta y conveniente es la clave para una vida exitosa y satisfecha. Así que, ¿cuál es el principio y el concepto de las prioridades?

Prioridad se define como:

* Lo principal.
* Poner primero lo primero.

∞ Establecer lo más importante.

∞ Enfocarse en lo primordial.

∞ Poner las cosas en orden de importancia.

∞ Ubicar los valores más elevados y valiosos.

∞ Primero entre todos los demás.

Si nuestras prioridades determinan la calidad de la vida que llevamos y dictan nuestras acciones y comportamientos, entonces es esencial que las entendamos y las identifiquemos. La mayor tragedia de la vida no es la muerte, sino vivir una vida sin propósito, una vida con las prioridades incorrectas. El desafío más grande en la vida está en saber qué hacer; el fracaso más grande es ser exitosos en la tarea equivocada. El éxito se mide por el uso eficaz del tiempo.

El tiempo es la verdadera medida de la vida. De hecho, el tiempo es la moneda de la vida. Cómo uno gaste su tiempo determinará la calidad de su vida y de su muerte. Uno se convierte en aquello que ha comprado con su tiempo. Sea siempre consciente de que todo y todos alrededor están compitiendo por su tiempo. El tiempo es importante porque es su vida. Y la clave para el uso efectivo del tiempo es establecer las prioridades correctas. ¡Primero lo primero!

Cuando las prioridades son correctas, preservan y protegen su vida. Las prioridades correctas son el principio del progreso porque cuando las establece de acuerdo con su propósito y objetivos, entonces tiene el progreso garantizado. Las prioridades correctas protegen su tiempo. Cuando las establece, entonces usa el tiempo para propósitos bien definidos; su tiempo no es abusado ni desperdiciado. Las prioridades correctas protegen su energía; sus talentos y dones; sus decisiones; su disciplina. Le simplifican la vida.

El fracaso en establecer prioridades correctas le hacen perder sus dos bienes más importantes: tiempo y energía. Cuando sus prioridades no son correctas, se encontrará ocupado en cosas equivocadas, maximizando lo mínimo, haciendo lo innecesario o preocupándose por lo que no es importante. Las prioridades incorrectas lo harán invertir en lo menos valioso, ocuparse en actividades ineficaces y desperdiciando sus dones y talentos. Finalmente, eso lo hará perder su propósito, lo cual dará como resultado un fracaso.

¿Por qué es tan importante este principio de prioridad en nuestra discusión sobre el Reino? Porque si la prioridad es la esencia de la vida, entonces querremos saber cuál debería ser nuestra prioridad para poder vivir de una manera efectiva. Puede sorprenderlo un poco saber que la mayoría de las personas alrededor del mundo son conducidas por prioridades incorrectas que ocupan y controlan sus vidas enteras. ¿Cuáles son esas prioridades que dominan a la mayoría de la raza humana?

La respuesta se halla tal vez en la obra del científico y psicólogo Abraham Maslow, quien, luego de estudiar las motivaciones del comportamiento humano, llegó a la conclusión de que todo el comportamiento humano se rige por la misma premisa básica de Jerarquía de necesidades:

1. Agua
2. Comida
3. Ropa
4. Vivienda
5. Protección
6. Seguridad
7. Preservación
8. Actualización
9. Significado

Es importante notar que Maslow enumeró estas necesidades motivacionales en orden de prioridad. Tal vez si fuéramos honestos, estaríamos de acuerdo con que la carrera por la vida tiene que ver con la lucha por todas estas cosas. Vamos cada día a trabajar, y algunos incluso tenemos dos o más empleos, solo para asegurarnos el agua, la comida, la vivienda y la protección. ¡Es una gran tragedia, pensar que la prioridad básica que dirige a millones de seres humanos es la mera supervivencia!

¿Se sorprendería de saber que muchas de las religiones están construidas sobre la promesa de suplir esas mismas necesidades como una prioridad? Suplir las necesidades humanas es la premisa de todas las religiones. Un común denominador de todas ellas es el esfuerzo en agradar o apaciguar a alguna deidad con el fin de asegurarse las necesidades básicas tales como una buena cosecha, clima favorable, protección de los enemigos, etc. Otro factor que todas las religiones tienen en común es su enfoque primario en las necesidades del adorador. La prioridad de las oraciones y peticiones religiosas está centrada en las necesidades personales. El ser humano necesita el impulso de la religión. Mucho de lo que nosotros llamamos "fe" es nada más que esforzarnos por las mismas cosas que se hallan en la lista de Maslow.

La prioridad de Dios

Dios estableció su prioridad en el principio, en la creación, y la dejó en claro por medio de su propia declaración a la humanidad. Jesucristo vino a la Tierra a restablecer la prioridad número uno de Dios. ¿Debería sorprendernos descubrir que la prioridad de Dios para la humanidad es completamente contraria a las prioridades de los hombres? Leamos la prioridad de Dios para la humanidad, tal como fue declarada por el Señor Jesús. Durante su primer discurso, al introducir su misión y mensaje principal, Jesús estableció la prioridad de Dios para toda la humanidad con varias oraciones poderosas y directas:

> *Por eso les digo: 'No se preocupen por su vida, qué comerán o beberán; ni por su cuerpo, cómo se vestirán. ¿No tiene la vida más valor que la comida, y el cuerpo más que la ropa?'* (Mateo 6:25).

Observe que esta frase desafía directamente la Jerarquía de necesidades de Maslow y contradice el orden propuesto. La declaración de Jesús también expone la prioridad equivocada del hombre y confirma nuestra preocupación por lo menos importante. Su amonestación de que no nos preocupemos implica que esas necesidades básicas de manutención no deberían ser el motor de la acción por parte del hombre. La palabra preocuparse significa: consumir en pensamiento, establecer como primer interés, preocupación mental, prioridad, inquietud, temor por lo desconocido y prevenir el futuro sobre el cual no tenemos control.

A continuación, Jesús dice:

Fíjense en las aves del cielo: no siembran ni cosechan ni almacenan en graneros; sin embargo, el Padre celestial las alimenta. ¿No valen ustedes mucho más que ellas? ¿Quién de ustedes, por mucho que se preocupe, puede añadir una sola hora al curso de su vida? (Mateo 6:26-27).

Esta simple frase implica que nuestro valor como personas es más importante que nuestras necesidades básicas y nunca debería ser sacrificado por causa de nuestras necesidades.

¿Y por qué se preocupan por la ropa? Observen cómo crecen los lirios del campo. No trabajan ni hilan; sin embargo, les digo que ni siquiera Salomón, con todo su esplendor, se vestía como uno de ellos. Si así viste Dios a la hierba que hoy está en el campo y mañana es arrojada al horno, ¿no hará mucho más por ustedes, gente de poca fe? (Mateo 6:28-30).

La idea central de estos versículos: nuestra confianza en el compromiso y la obligación de nuestro Creador en cuanto a nuestro sustento, debería llevarnos a transferir nuestras prioridades desde nuestras necesidades humanas básicas a la prioridad de cultivar y mantener una relación saludable con su Reino y con Él mismo.

Así que no se preocupen diciendo: "¿Qué comeremos?" o "¿Qué beberemos?" o "¿Con qué nos vestiremos?" Porque los paganos andan tras todas estas cosas, y el Padre celestial sabe que ustedes las necesitan (Mateo 6:31-32).

El término paganos aquí implica que la religión no debería ser motivada por las necesidades humanas básicas como la comida, la bebida, el vestido, el techo y todo lo demás.

Más bien, busquen primeramente el reino de Dios y su justicia, y todas estas cosas les serán añadidas (Mateo 6:34).

Aquí Jesús revela la prioridad número uno de Dios: que se busque primeramente su Reino.

Esta es la declaración más importante hecha por el Señor Jesús, y establece lo que debería ser la prioridad principal en nuestras vidas. Jesús identifica el Reino como más importante que la comida, bebida, vestido, vivienda, y cualquier otra necesidad humana básica. Según su afirmación, entonces, ¿cuál debería ser la prioridad de la humanidad y su preocupación primaria en la vida? El Reino de Dios. La prioridad número uno de Dios para la humanidad radica en que descubramos, entendamos y entremos en el Reino de los cielos. Es el motivo de la escritura de este libro. La prioridad de todos los seres humanos está oculta detrás de las palabras "busquen primeramente el reino de Dios y su justicia, y todas estas cosas les serán añadidas".

Esta declaración de Jesús también sugiere que debe haber algo acerca del Reino que a toda la humanidad se le ha perdido de vista y ha malinterpretado. Si todo lo que buscamos y perseguimos en la vida se halla en el Reino, entonces hemos sido mal orientados y tal vez nos hemos impuesto innecesariamente dificultades, estrés y frustración.

Por lo tanto, no se angustien por el mañana, el cual tendrá sus propios afanes. Cada día tiene ya sus problemas (Mateo 6:34).

La tarea prioritaria de Dios para la humanidad

Durante los últimos treinta y cinco años, este mandato entregado por Jesús ha sido mi misión en la vida. Y continúa regulando mis decisiones hoy en día. Los beneficios derivados de este compromiso han superado mis expectativas, y por esa razón estoy completamente comprometido a ayudarlo a entender esta maravillosa realidad de vivir en el Reino. A continuación expongo el proceso práctico de cumplir este mandato, de modo que pueda ver claramente que esta es una prioridad que debemos reordenar.

Nuestra primera instrucción de parte de Jesús fue buscar. Esto significa perseguir, estudiar, explorar, entender, aprender y considerar. Los buscadores deben tener un deseo de saber, y poseen una pasión hacia el objeto de su búsqueda. Buscar significa darle una dedicación diligente a algo y ocuparse en aquello que uno busca. El Reino debe ser buscado, estudiado, entendido y aprendido.

Segundo, Jesús nos dice que hagamos del Reino lo *primero*. En otras palabras, el Reino debe ser nuestra prioridad número uno, la cosa principal que tenemos que poner por delante de otras como la más importante. Debemos otorgarle el mayor valor al Reino de Dios, ubicándolo por encima de todo lo demás y no debiera haber competencia. Él debe ser nuestra mayor prioridad.

Jesús entonces nos instruye para buscar primeramente el *Reino*. Este es el aspecto más importante del mandato y debemos considerarlo cuidadosamente. En primer lugar, es importante entender que, dado que un reino no es una religión, la prioridad de la humanidad no debería ser buscar una religión o alguna forma de ritual. La palabra para "reino" en este versículo es *basileia*, el equivalente griego del hebreo *mamlakah*, traducida en Génesis 1:26 como "dominio". Ambos términos significan dominio, gobierno soberano, reinado o poder real. En este libro nos enfocaremos en ese concepto detalladamente porque debe ser nuestra prioridad y porque es generalmente desconocido o mal comprendido en las culturas modernas.

En términos prácticos, un reino puede definirse como el gobierno soberano de un rey sobre un territorio (dominio), impactándolo con su voluntad, propósito e intención. En este texto bíblico, la palabra "reino" es usada por Jesús para referirse al gobierno de Dios, el dominio de Dios sobre la Tierra. El Reino de Dios significa la voluntad de Dios ejecutada, la jurisdicción de Dios, la influencia del Cielo, la administración de Dios y el impacto y la influencia de Dios.

En este libro, usaremos la siguiente definición:

Un reino es...

La influencia de gobierno de un rey sobre su territorio, impactándolo con su voluntad, propósito e intención personales, produciendo una cultura, valores, moral y estilo de vida que refleja los deseos y la naturaleza del rey ante sus ciudadanos.

La instrucción final de Jesús para nosotros en este versículo es también que busquemos la justicia del Reino. Este es otro concepto de vital importancia que ha sido diluido en las aguas de la religión y debe ser recobrado si queremos entender el Reino y experimentar la vida abundante que todos los humanos merecemos vivir. La palabra *justicia* en verdad proviene del campo de las leyes, no de la religión, e implica un posicionamiento correcto. Ser justos significa estar alineados con la autoridad, estar en buenas relaciones con la autoridad, estar en un alineamiento legal o legítimo, y estar parados correctamente en cuanto a la ley o las regulaciones (principios) y cumplir las exigencias de la autoridad.

En esencia, justicia describe el mantenimiento de una relación correctamente alineada con una autoridad de gobierno, para calificar como para recibir privilegios de parte de este. Por eso Jesús enfatiza en el Reino y en la necesidad de ser justos para poder recibir todas las cosas añadidas. Esta promesa incluye todas sus necesidades físicas, sociales, emocionales, psicológicas, económicas y en cuanto a la seguridad, así como también su necesidad de significado y sentido, de propósito y dignidad.

Por lo tanto, como ya hemos visto, Dios estableció solo dos prioridades para la humanidad: el Reino de Dios y la justicia de Dios. Reino se refiere a la influencia de gobierno del Cielo sobre la Tierra y justicia se refiere al posicionamiento y la alineación con la autoridad de gobierno. Nuestras más altas prioridades y mayores deseos deberían ser entrar al Reino de Dios y tener sed de una correcta relación con el gobierno celestial de Dios.

Más bien, busquen primeramente el reino de Dios y su justicia, y todas estas cosas les serán añadidas (Mateo 6:34, énfasis añadido).

Dichosos los que tienen hambre y sed de justicia, porque serán saciados (Mateo 5:6, énfasis añadido).

El concepto de reino

El concepto de reino no fue inventado por la humanidad, sino que fue la primera forma de gobierno introducida por el Creador. Este concepto aparece primero en el libro de Génesis, en la creación del hombre. La misión original del hombre dada por Dios fue una tarea del Reino: "Que tenga dominio sobre… [la Tierra]". El plan de Dios para la humanidad era extender su Reino celestial (gobierno) a la Tierra a través del principio de la colonización. La misión del hombre era establecer la influencia y cultura del Cielo en la Tierra, mediante representar la naturaleza, valores y moral de Dios en ella. De este modo, el reinado celestial de Dios se manifestaría a través de su imagen extendida en la humanidad. Este era el primero: Jehová, el Rey, extendiendo su Reino celestial a la Tierra por medio de su descendencia, el hombre. La hermosa historia y mensaje de La Biblia no es sobre una religión, sino sobre una familia real.

Desde la caída, el hombre ha tratado de imitar este concepto de reino; pero a lo largo de la historia, cada intento por establecer un Reino celestial sobre la Tierra ha fracasado. Por esa razón los gobiernos religiosos siempre fallan, sean cristianos, musulmanes, hindúes, o cualquier otra forma. Por este motivo Dios mismo tuvo que venir a la Tierra a traer el Reino celestial de vuelta a este planeta. La Tierra no podía dar nacimiento al Reino de los cielos de manera independiente; el Reino de los cielos debe venir desde el Cielo. El hombre perdió un reino, y es lo que está buscando. Jesús vino para traer el Reino de los cielos nuevamente a la Tierra, no a establecer una religión. Y la humanidad no busca una religión, sino el Reino que perdimos hace ya tanto tiempo. Por eso la religión no puede satisfacer plenamente el espíritu humano. El Reino de los cielos tiene la más alta prioridad en virtud de su rol en el propósito original de la creación del hombre. Como tal, el Reino fue la primera forma de gobierno sobre la Tierra.

La pérdida de un concepto

El concepto del Reino como un todo se ha perdido en la cultura contemporánea, especialmente en el mundo occidental. En su intento por crear el Reino de los cielos sobre la Tierra, el hombre ha optado por diseñar sus propias formas de gobierno. Pero sus experimentos continúan fracasando: reinos malvados, imperios, dictadores, comunismo, socialismo, democracia y la lista continúa. El deseo por un gobierno recto arde en el corazón del cada ser humano. Todos nosotros buscamos el Reino aun cuando no lo sabemos.

Muchos reinos históricos del pasado contienen varios componentes que se asemejan al Reino de Dios y pueden ser beneficiosos para nosotros al estudiarlos. Nací en 1954 bajo un reino que en ese tiempo gobernaba Las Bahamas y que colonizó nuestras vidas. Esta experiencia hizo que fuera más sencillo comprender La Biblia porque ella es un libro acerca de un Rey y un Reino.

Mi objetivo en este presente escrito es reintroducir el concepto del Reino a un mundo que lo ha perdido. La mayoría de las personas que viven hoy en día jamás han tenido contacto o relación con un reino. Como consecuencia, la ignorancia y el desconocimiento del concepto de reino les dificulta la comprensión plena del mensaje de La Biblia. En los capítulos siguientes, desarrollaré muchos de los conceptos y componentes singulares de un reino, que lo ayudarán inmediatamente a entender las palabras, declaraciones, promesas y métodos de Dios así como también la vida y el mensaje de Jesús.

Según Jesús, la prioridad y preocupación más importante de la humanidad debiera ser la búsqueda y el estudio del gobierno del reino celestial y la administración del Dios Creador y su plan intencional y programas para impactar la Tierra. Pero en un sentido práctico, ¿cómo se busca este Reino? ¿Cómo se exploran el concepto, la naturaleza, función, programa, componentes, principios y poder del

Reino? Responder a estas preguntas es el propósito y la intención de este libro. Para lograr ese propósito, debemos:

- Entender el concepto del Reino.
- Entender la filosofía del Reino.
- Entender el gobierno del Reino.
- Entender la ley del Reino.
- Entender la cultura del Reino.
- Entender la sociedad del Reino.
- Entender la economía del Reino.
- Entender la ciudadanía del Reino.
- Entender la provisión del Reino.
- Entender la adoración del Reino.
- Entender el protocolo del Reino.
- Entender la representación del Reino.

El secreto para una vida plena y satisfecha está en descubrir, entender y aplicar el Reino de los cielos en la Tierra. La religión pospone el Reino para una experiencia futura. Pero recuerde que no puede apropiarse de algo que pospone. Dios desea que entre a la vida del Reino ahora y que experimente, explore, aplique, practique y disfrute vivir con los beneficios, promesas y privilegios del Cielo sobre la Tierra. ¡Que comience la aventura!

Principios

1. El mayor secreto para vivir efectivamente sobre la Tierra es entender el principio y el poder de las prioridades.

2. La mayor tragedia de la vida no es la muerte, sino vivir sin un propósito, una vida con las prioridades incorrectas.

3. Nuestro valor es más importante que nuestras necesidades básicas y nunca debería ser sacrificado por esas necesidades.

4. La prioridad número uno de Dios para la humanidad es que descubramos, entendamos y entremos al Reino de los cielos.

5. Un reino es la influencia de gobierno de un rey sobre su territorio, impactándolo con su voluntad, propósito e intención personales, produciendo una cultura, valores, moral y estilo de vida que reflejan los deseos y la naturaleza del rey ante sus ciudadanos.

6. Dios estableció solamente dos prioridades para la humanidad: su Reino y su justicia.

7. El concepto de Reino no fue inventado por la humanidad, sino que fue la primera forma de gobierno introducida por el Creador.

8. La ignorancia del concepto de Reino nos dificulta la comprensión completa del mensaje de La Biblia.

Capítulo dos

El Reino de Dios contra los gobiernos de los hombres

No hay asunto más serio que el gobierno

E l noventa por ciento de los problemas nacionales e internacionales que enfrenta nuestro mundo actualmente es el resultado del gobierno o de la religión. Estos incluyen el hambre mundial, las epidemias, guerras, terrorismo, conflictos étnicos y raciales, segregación, tensión nuclear e incertidumbre económica.

A lo largo de la historia, el mayor desafío del hombre ha sido aprender a vivir en paz consigo mismo y con su prójimo. Ya sea en el África, el viejo continente europeo, los nórdicos de Inglaterra, los mongoles de Asia, los indígenas de Norte y Sudamérica o los esquimales de Islandia; la lucha tribal, los conflictos raciales o étnicos y la guerra a gran escala han sido parte de la historia humana. En todas estas expresiones sociales y culturales de la humanidad, la única cosa que siempre evoluciona es alguna clase de estructura de autoridad, una forma de liderazgo o mecanismo de gobierno con el propósito de establecer o mantener el orden social.

Desde los muros pintados en las cuevas nativas y los jeroglíficos de las tumbas del antiguo Egipto a las históricas estructuras de las pirámides de los adoradores aztecas, abundan las evidencias del deseo y la necesidad del hombre de formar alguna estructura de gobierno. La necesidad de un gobierno y orden es inherente en el espíritu humano y es una manifestación de un mandato divino dado a la humanidad por parte del Creador. El hombre fue creado para gobernar y regir, y por lo tanto, es parte de su naturaleza buscar algún mecanismo de autoridad que traiga orden a su mundo privado y social. El gobierno es necesario, deseable, y esencial para el contexto social del hombre, sin importar cuan primitivo o moderno sea. Por eso, el hombre continúa buscando una manera efectiva de gobernarse a sí mismo.

La necesidad de alguna estructura formal de gobierno es un fruto de su necesidad de orden social y manejo de las relaciones. Esta empieza en el pequeño prototipo de sociedad, la familia, y se extiende hasta la manifestación de expresiones nacionales de orden constitucional. Las naciones necesitan gobiernos.

El primer libro de Moisés, Génesis, revela que el primer prototipo de gobierno fue introducido por el mismo Creador mucho antes de que los primeros humanos existieran en la Tierra. Ello evidencia una estructura de gobierno que preexistía antes que la Tierra y el universo físico. Esta expresión de estructura de gobierno fue el resultado de un deseo de traer orden al caos y productividad al vacío.

La tierra era un caos total, las tinieblas cubrían el abismo, y el Espíritu de Dios iba y venía sobre la superficie de las aguas. Y dijo Dios: '¡Que exista la luz!' Y la luz llegó a existir (Génesis 1:2-3).

Aquí vemos el impacto de un gobierno divino, invisible, sobrenatural que era necesario por causa del caos y el desorden reinante. Por lo tanto, el propósito de un gobierno es mantener el orden y la dirección productiva. Más aún, la creación de la humanidad fue también un resultado del desorden y de la necesidad de administración. Un poco más adelante en Génesis encontramos la evidencia de esto como una de las motivaciones de Dios para crear al hombre.

Cuando Dios el Señor hizo la tierra y los cielos, aún no había ningún arbusto del campo sobre la tierra, ni había brotado la hierba, porque Dios el Señor todavía no había hecho llover sobre la tierra ni existía el hombre para que la cultivara [dirección y administración]. No obstante, salía de la tierra un manantial que regaba toda la superficie del suelo (Génesis 2:4b-6).

De estos versículos vemos que el Creador permitió que el crecimiento no productivo tuviera lugar en la Tierra porque no existía el hombre para que la cultivara. La palabra trabajar, en este caso cultivar, implica una administración, un desarrollo ordenado, y una fructificación. Por lo cual, una de las principales motivaciones para la creación del hombre era proveer un gerente, administrador y gobernador al planeta Tierra. Por esa razón el Creador lo expresó con estas palabras:

Y dijo: 'Hagamos al ser humano a nuestra imagen y semejanza. Que tenga dominio sobre los peces del mar, y sobre las aves del cielo; sobre los animales domésticos, sobre los animales salvajes, y sobre todos los reptiles que se arrastran por el suelo' (Génesis 1:26).

El mandato del Creador para la humanidad fue de gobierno y dominio. Como vimos anteriormente, la palabra dominio aquí se traduce del hebreo *mamlakah*, que significa reino o reinado soberano o gobierno. Por lo tanto, el primer mandato dado al hombre por parte de su creador era establecer un gobierno sobre la Tierra para destruir el caos y mantener el orden. Es la solución de Dios al desorden.

Las conclusiones lógicas que uno puede extraer de esta escena son: primero, que el gobierno es idea de Dios; segundo, que la ausencia o falta de un gobierno correcto siempre llevará al caos y al desorden; y tercero, que dondequiera que haya caos, desorden o falta de productividad, la respuesta está en el gobierno correcto.

La caída de la humanidad así como está registrada en el tercer capítulo de Génesis, fue el resultado de la declaración de independencia del hombre del gobierno celestial, que terminó en anarquía y caos social y espiritual. Desde aquella caída fatal de la gracia reinante, el hombre ha intentado establecer una forma de autogobierno que pudiera aliviar el caos interno y externo que continúa experimentando. Por supuesto, ese caos también se manifiesta en la creación física a la que fue mandado a gobernar, la Tierra. Esta es la realidad que yace detrás de la declaración del escritor bíblico del primer siglo, Pablo:

La creación aguarda con ansiedad la revelación de los hijos de Dios, porque fue sometida a la frustración. Esto no sucedió por su propia voluntad, sino por la del que así lo dispuso. Pero queda la firme esperanza de que la creación misma ha de ser liberada de la corrupción que la esclaviza, para así alcanzar la gloriosa libertad de los hijos de Dios (Romanos 8:19-21).

Esto revela que el gobierno afecta no solo a las personas de esa tierra, sino también a su medioambiente físico. Gobernar es un asunto serio. Cuando el hombre rechazó el gobierno celestial, se convirtió en la fuente de su propio programa de gobierno. Los resultados desde ese entonces han demostrado que precisamos ayuda. La intención del Creador fue administrar el gobierno terrenal desde el Cielo a través de su imagen (naturaleza) en el hombre y por lo tanto manifestar su naturaleza y carácter en la Tierra. El gobierno de Dios es una estructura única que todavía no se logra comprender. A esta altura lo describiría como un gobierno corporativo de reino. ¡Gobierno por parte de un liderazgo corporativo! ¡El orden teocrático de un Rey sobre reyes como compañeros de gobierno! Esto es lo que llamaríamos el Reino de los cielos. El concepto de gobierno de reino es idea de Dios.

Sin embargo, cuando el hombre rechazó el gobierno del Cielo, no tuvo otra opción que aceptar como alternativa la decepcionante multitud de intentos humanos de gobierno. Cuando los hijos de Israel dejaron la tierra de Egipto, como nos cuenta la historia de Éxodo, Dios instruyó a Moisés para que le aconsejara al pueblo que fueran gobernados por las leyes del Cielo y guiados por Dios mismo como su Rey celestial en la Tierra. Este era el primer paso en el plan de Dios para reinstaurar el Reino de los cielos sobre la Tierra, usando una pequeña nación de esclavos como su prototipo. Él expresó su deseo divino a través de Moisés, cuando dijo:

Si ahora ustedes me son del todo obedientes, y cumplen mi pacto, serán mi propiedad exclusiva entre todas las naciones. Aunque toda la tierra me pertenece, ustedes serán para mí un reino de sacerdotes y una nación santa. Comunícales todo esto a los israelitas (Éxodo 19:5-6).

Aquí vemos la intención de Dios para la nación: ser gobernada por el Cielo y desde el Cielo, y ser una expresión de su Reino sobre la Tierra. Israel rechazó la teocracia, el gobierno de un Rey amoroso y lleno de gracia que los protegería y les proveería todo lo que necesitaran. En vez de ello, ellos sustituyeron al Rey con un rey. Su decisión los llevó a consecuencias calamitosas.

La caída del hombre no dio como resultado la pérdida del Cielo, sino la pérdida del gobierno del Reino de los cielos sobre la Tierra. Toda persona sincera que dé un vistazo serio a las condiciones en las que se encuentra nuestro planeta llegará a la conclusión de que ella precisa un nuevo, o en todo caso, un alternativo orden de gobierno. Las condiciones espirituales, sociales, económicas, físicas, ambientales y culturales de nuestra Tierra demandan un gobierno que sea superior a todo lo que ya hemos inventado. Tal vez, la respuesta a la necesidad del hombre de un gobierno justo y efectivo se halle en las primeras palabras oficiales de Jesús hace dos mil años, cuando anunció su misión primaria y comentó sobre la condición humana:

Desde entonces comenzó Jesús a predicar: 'Arrepiéntanse, porque el reino de los cielos está cerca' (Mateo 4:17).

Dichosos los pobres en espíritu, porque el reino de los cielos les pertenece (Mateo 5:3).

Aquí observamos que la afirmación de Jesús del hambre y la pobreza social y espiritual del hombre pueden ser satisfechas solamente recibiendo el Reino de los cielos. El Reino es la única fuente de verdadero gozo en el corazón del hombre. El anuncio de Jesús mostró su solución a la condición terrenal humana: *El Reino de los cielos está cerca* [o ha llegado].

El concepto del reino se originó en la mente de Dios y fue el sistema de gobierno original diseñado para la Tierra. El concepto ideal de reino es único, distintivo y provee los mayores beneficios a sus ciudadanos. El reino es una idea tan bella que solo Dios pudo haber pensado en ella. Y es el único sistema de gobierno que puede traer la paz, equidad y realización que la humanidad anhela. Uso el concepto de reino ideal porque históricamente el hombre ha intentado imitar y duplicar el diseño celestial del Reino con resultados decepcionantes. Los esfuerzos del hombre por establecer un gobierno de reino han dado como resultado modelos defectuosos, opresivos y destructivos que no solo han perdido de vista las nobles aspiraciones del hombre, sino que también han provocado repercusiones negativas en su prójimo. En esencia, el rechazo del modelo del Reino de los cielos por parte de la humanidad ha llevado a la abolición de la paz y la instalación de formas de gobierno inferiores. Algunos son mejores que otros, pero todos son inferiores al gobierno de Dios, el Reino de los cielos.

El gobierno del hombre contra el gobierno de Dios

La Biblia es el libro más malinterpretado en el planeta Tierra, no solo por aquellos que no lo recomiendan sino también por los muchos que dicen conocerlo y abrazar su mensaje. Dicho simplemente, La Biblia trata acerca de un Rey, un Reino y una familia real de hijos; no trata de religión y nunca fue la intención que sea un libro religioso. En cambio, su historia y mensaje son acerca del deseo de un Rey de extender su Reino a nuevos territorios mediante su familia real. La Biblia, por lo tanto, trata acerca del gobierno y de gobernar.

¿Qué es el gobierno? El gobierno trata acerca del orden, influencia, administración, distribución, protección, mantenimiento, responsabilidad y productividad. Técnicamente hablando, es la persona, el grupo u organización que ejecuta estas funciones. Esto se manifiesta en el ejercicio de autoridad y jurisdicción sobre un territorio y una ciudadanía. El gobierno fue primero establecido por la orden y el mandato de Dios a Adán e incorpora la necesidad de orden, trabajo, supervisión, guarda y protección.

Las raíces del gobierno en el mundo occidental se remontan al mundo de los griegos. En griego, gobierno –*kubernetes*– literalmente significa conducir, pilotear o actuar como timón. Sin ley y sin gobierno todo lo que tenemos es caos. Es el poder *dado* u *obtenido* para el propósito de hacer y reforzar leyes para un cierto territorio.

El acto de gobernar incorpora tanto el conceptos de poder como el de autoridad. Estos dos son diferentes entre sí y deben ser plenamente comprendidos para apreciar el contexto apropiado de gobierno. La autoridad tiene que ver con responsabilidad mientras que el poder tiene que ver con habilidad. La autoridad tiene que ver con investir de facultades; el poder se concentra en ejercerlas. La autoridad le otorga al poder su legitimidad. El poder sin autoridad legítima es dictadura e inevitablemente terminará en abuso, opresión y destrucción. Esta le da al poder sus derechos.

La autoridad es la clave para un gobierno exitoso. Si el poder reinante no la tiene, no puede gobernar. Ella es otorgada por medio de un voto popular o mediante su carácter inherente. Los gobiernos terrenales la obtienen del pueblo ya sea a través de un proceso electoral o usurpándola por la fuerza. Por ejemplo, un presidente o primer ministro es revestido de autoridad por el pueblo que lo votó para que ejerza el poder.

En los reinos, no obstante, la autoridad es inherente y es un producto de los derechos de propiedad. Este concepto es crucial a la hora de entender la naturaleza de los reinos. La autoridad de Dios como Rey es inherente. Nadie se la da a Él. La tiene por ser quién es y porque creó la Tierra y todo lo que vive en ella. Por eso Jesús pudo decir que toda autoridad le había sido dada. Su padre tenía *toda* autoridad y por lo tanto, tenía el derecho de dársela a su Hijo. El Padre tenía derechos creativos sobre todo el Universo.

Los gobiernos de esta Tierra obtienen su autoridad por medio del voto o por violencia. Esa no es autoridad inherente. El único gobierno sobre la Tierra que representa la autoridad inherente es la monarquía. Un rey tiene el poder y puede dárselo a quienquiera que elija. Todos los otros gobiernos se forman mediante la emisión del voto o porque arman una revolución. En un análisis final podemos decir que todos son sustitutos del ideal, sin importar cuán buenos puedan llegar a ser. Démosle una mirada rápida a algunos intentos humanos de gobierno y a algunas estructuras de poder. La más importante de las que presentaremos será el feudalismo.

Feudalismo

El feudalismo describe un sistema de gobierno que fue establecido en virtud del poder de propiedad. De hecho, a la autoridad en este sistema se le llamaba señor *feudal*, que significaba terrateniente. Durante la Edad Media, el poder económico y social de las comunidades se relacionaba con la agricultura; por ello, el que poseyera la mayor cantidad de tierras controlaba todo y a todos. De allí se originó la idea de los *bienes raíces*. Se consideraba que los terratenientes eran los que poseían bienes raíces. El terrateniente era el *señor* de la tierra.

Por lo tanto, el primer objetivo de todos los que deseaban poder era la tierra. Los terratenientes eran conocidos como señores y eventualmente se convirtieron en *gobernantes* de su tierra. Cuanta más tierra poseían, más grande era su señorío o gobierno. Los individuos que poseían parcelas significativas se conocieron como *reyes*. En otras palabras, el prerrequisito para convertirse en rey era la posesión de tierras. Allí es, también, donde nace la idea de los reinos terrenales. *Reino* era la palabra usada para describir el territorio sobre el cual el rey local, o terrateniente, gobernaba o ejercía su derecho de posesión y autoridad.

También es importante observar que, como toda la tierra era poseída personalmente por el terrateniente, entonces la propiedad privada no era posible; por lo cual, todo el pueblo que vivía y trabajaba allí lo hacía a discreción y por la merced del rey o el terrateniente. Todo lo que había en la tierra, incluyendo los animales, recursos naturales y todos los otros bienes, eran considerados propiedad personal del rey o señor.

En muchos casos, donde el señor o rey era amable y benevolente, la gente que vivía, trabajaba y servía en su tierra disfrutaba de los beneficios de su bondad. Y porque ellos hacían que su tierra fuera productiva y le añadían prosperidad a él, les proveía, protegía y cuidaba. Por eso un rey bueno tendía a atraer mucha gente a su reino. El feudalismo como concepto de gobierno fue un derivado del gobierno original establecido en el jardín del Edén con el primer hombre, Adán, quien fue hecho señor de la Tierra. El plan original de Dios era un sistema feudal en donde todos los hombres servían como reyes y señores de la Tierra, reinando no sobre los humanos, sino sobre los reinos animal, vegetal, mineral y sobre las aguas.

Sin embargo, en casos en donde el señor o rey no era bueno y misericordioso, el resultado fue el abuso y opresión de la gente en virtud de su estatus nobiliario. Cualquiera que poseyera la tierra controlaba a aquellos que vivían en ella. El feudalismo es una ilustración del peligro de poner la autoridad que le pertenece al Rey de los cielos en manos de reyes y señores humanos impíos e injustos. Cuando la cultura migró de la agricultura a la industria, entonces los señores feudales eventualmente perdieron su poder.

Dictadura

La dictadura es la forma de gobierno derivada del concepto de *autoridad* divina, se edifica sobre la creencia de que ciertos individuos son escogidos por los dioses o por la providencia para regir sobre las masas y ejercer autoridad sobre los menos afortunados, llamada gente *inferior*. Esta es la forma de gobierno que hallamos en los relatos bíblicos y otras fuentes respecto de los faraones egipcios, que creían que eran producto de los dioses y estaban destinados a gobernar al pueblo por causa de su derecho de nacimiento.

Las dictaduras han emergido en cada generación y continúan haciéndolo hasta hoy. Ellas toman muchas formas y títulos diferentes, pero los principios y resultados son los mismos. Son gobiernos que concentran su poder y autoridad en las manos de un individuo que ejerce absoluta autoridad y que no es restringida por medio de ninguna ley, Constitución o cualquier otro factor político o social.

Los dictadores son considerados déspotas y son motivados usualmente por la ambición personal o intereses particulares. Se enfocan en sí mismos y sus objetivos. La autoalabanza también es común en esa forma de gobierno. Históricamente, los dictadores nunca han tenido éxito por demasiado tiempo, y generalmente acaban en desastre y caos. Ninguno puede vivir para siempre. En algún momento la gente se rebelará.

También es un intento fallido del hombre para restablecer la forma de gobierno original establecida por el Creador en el jardín del Edén. Cuando Dios le delegó el gobierno total, Adán recibió absoluto poder, pero la diferencia era que su poder y dominio nunca tuvieron la intención de dominar a otros seres humanos, sino a los reinos animal, vegetal, mineral y a las aguas. Cada vez que se intenta dominar a la humanidad a través de alguna forma de dictadura, el resultado será la rebelión y resistencia. Esto es natural y siempre lo será. La dictadura sobre la humanidad no era la forma original de gobierno propuesta por Dios.

Comunismo

Como forma de gobierno, el comunismo es la combinación de los dos primeros tipos. El comunismo es el intento del hombre por controlar la tierra y el pueblo mediante el ejercicio de la dictadura. Es por esa razón que una nación comunista recupera toda propiedad privada e intenta reforzar la productividad a través de la opresión y coerción. El método busca lograrlo tratando de legislar el amor y la generosidad, enfoque que nunca prospera debido a que la naturaleza humana no puede ser forzada a amar o a preocuparse por las necesidades de los demás. Estos comportamientos surgen de la motivación natural y de las convicciones internas. Ninguna ley puede hacerlo.

Es mi opinión que el comunismo es el intento del hombre por restablecer el Reino de los cielos en la Tierra, tal como fue dado al primer hombre, Adán, pero sin la participación de Dios. En esencia, el comunismo es un intento por establecer un reino sin justicia. Uno puede encontrar en los escritos de Marx o Engels una cierta sinceridad cuando ellos buscaban hallar una manera de traer el poder al pueblo –proletariado–, luchando para arrancar el poder de las manos de la nobleza –burguesía–. Fue un intento de quitarle el señorío de la tierra a los nobles y ponerlo en las manos del pueblo. Ellos creían en una dictadura del pueblo. ¿Una buena idea? Tal vez. El único problema es que el gobierno está en las manos del pueblo. Cada vez que el hombre está involucrado, el gobierno fracasa. El comunismo simplemente cambió el poder quitándolo de las manos de los zares y depositándolo en las de un nuevo grupo de dictadores.

Socialismo

El socialismo, un hijastro del comunismo, es otro esfuerzo para traer al Estado más cerca de las necesidades del pueblo. Sustituye al rey por el Estado, e intenta controlar la sociedad para el beneficio de ella misma. Al igual que los demás, el socialismo es otro intento fallido del hombre por gobernarse a sí mismo. El poder absoluto corrompe absolutamente, y el Estado pierde su enfoque en el individuo mientras que se obsesiona más y más con su propio poder.

Esto nos lleva con una mirada final al hecho de que el hombre intenta gobernarse a sí mismo.

Democracia

Tiene sus raíces en los escritos de los griegos y es vista por muchas personas (incluso aquellos de las religiones occidentales) como el gobierno perfecto. Platón la denominó *la más justa de las constituciones*, pero lo hizo solamente a regañadientes porque pudo ver debilidades en ella que la llevarían a su caída. El gobierno del pueblo, por el pueblo y para el pueblo es una buena idea. Es el intento del hombre por salir del despotismo y del gobierno tiránico. La democracia como principio es la reacción del hombre a todas las otras formas de gobierno tales como el feudalismo, dictadura, comunismo y socialismo.

Un estudio profundo de las raíces de la democracia occidental nos revelará que fue una reacción y rebelión contra una elección divina o un sistema feudal de gobierno llamado Reino. En realidad, Estados Unidos fue edificado sobre la rebelión contra un reino. Los fundadores y autores del concepto norteamericano de gobierno abogaron por la democracia y adoptaron las ideas griegas y las refinaron hasta acomodarlas a sus aspiraciones. Estados Unidos rechazó un Reino. El sueño americano y los principios rectores eran la independencia, la autodeterminación y el individualismo; pero aunque sirven como el cimiento de la democracia occidental siguen siendo contrarios al Reino.

Los norteamericanos nunca entendieron el poder potencial de un rey y su reino porque estuvieron expuestos a reyes corruptos. Como consecuencia de su temor, ellos crearon un sistema de gobierno que debía limitar el poder de un solo hombre. El sistema del equilibrio de poderes en los organismos de gobierno fue instalado para impedir que el poder y la autoridad se consoliden en las manos de un solo individuo.

Este temor al totalitarismo y la dictadura es el motor que impulsa la democracia occidental. En ausencia del concepto de reino ideal y perfecto, la democracia es la mejor forma de gobierno inventada por la humanidad y sirve para protegerla de su propia naturaleza y carácter defectuoso. Sin embargo, a pesar de que es la mejor forma de gobierno civil en nuestro mundo estresado de semidioses, en sí está llena de defectos que hacen que deje mucho que desear. El problema fundamental de la democracia está en su base: poder y autoridad por el voto de la mayoría.

Es la mejor forma de gobierno civil así como la conocemos, por sus principios básicos y por el sistema de equilibrio de poderes. También está cimentada sobre esta premisa: el principio del *gobierno de la mayoría* y la protección de los derechos individuales. La democracia ha servido bien a nuestras naciones, en el sentido de que le ha dado voz al pueblo y le ha brindado la oportunidad de una participación amplia en el proceso político. Su sistema de equilibrio de poderes protege a las masas contra el monopolio del poder por parte de uno o de unos pocos.

A pesar de sus ventajas y beneficios, sin embargo, la democracia tiene algunos defectos cruciales. Uno es su principio fundamental: el *gobierno de la mayoría*. Este defecto es vital porque aunque le otorga poder a la mayoría del pueblo, al mismo tiempo ubica la moral, los valores y normas como ley según el voto mayoritario. Por lo tanto legitimiza los valores, deseos, creencias, aspiraciones y preferencias de la mayoría.

Si el poder de la democracia está en el pueblo, entonces *nosotros, el pueblo* nos convertimos en soberanos de nuestras vidas y destino colectivo, y así nos volvemos nuestro propio dios providencial y regente. Este es el resurgimiento y manifestación de la filosofía antigua del humanismo. El humanismo es simplemente el hombre volviéndose su propia medida para la moral, juicio y justicia, que se pone a merced de sí mismo. De modo que no importa lo educado que un hombre pueda llegar a ser, puede llevarse a sí mismo tan lejos como quiera llegar. Los registros históricos y el estado actual de nuestro mundo nos dan suficiente evidencia de que el hombre dejado a su suerte da, como resultado, un dios pobre. Por lo tanto, la democracia sin rendir cuentas a alguien mayor que el pueblo, es un ejercicio de ruleta moral. Dicho simplemente, sin Dios es la adoración del hombre, la exaltación de sí mismo y de su propia inteligencia. ¡Qué gran desastre!

La democracia no puede prosperar sin Dios mucho más de lo que el comunismo puede hacerlo. Dios no está sujeto a nuestras políticas, ni podría estarlo, sino que Él ha creado su propio sistema político y estructura gubernamental la cual, como este libro demostrará, es muy superior a toda forma de gobierno terrenal. Desde la perspectiva del Creador, la vida es política, y Él es la esencia de la vida. En Él no hay distinción entre gobierno y espiritualidad. Ellas son la misma cosa. La misión dada al primer hombre en el jardín del Edén fue una misión política dada a un espíritu viviendo dentro de un cuerpo de carne. Por lo tanto, en el contexto del mandato bíblico original, el concepto de la separación del Estado y la Iglesia o de la religión y el gobierno es una idea sublime que no tiene raíces en la lógica bíblica o en los hechos reales. El mandato bíblico original no provee fundamentos para ello.

Todos son religiosos porque adaptan su vida a sus convicciones morales sin importar de qué religión confiesen ser. Todos somos políticos y religiosos. No puede haber separación. No podemos legislar una dicotomía entre un hombre y su sistema de creencias. La legislación en sí misma es el resultado y la manifestación de un sistema de creencias y de juicio moral. Por lo tanto, una democracia puede prosperar solamente donde hay una clara rendición de cuentas respecto de un código moral aceptado por la mayoría como bueno, civil y justo, el cual sirve como el ancla y el fundamento para la gobernabilidad nacional.

En mi nación, Las Bahamas, el código moral es reconocido constitucional y nacionalmente como los principios bíblicos de la histórica fe judeocristiana y el Dios de esas Escrituras. Esto está asentado dentro del documento constitucional y brinda referencia autoritativa para gobernar nuestra nación. Como consecuencia, cuando los votos de la mayoría y los resultados están de acuerdo con las leyes naturales y los valores establecidos en el texto bíblico, entonces el voto es considerado legítimo. Por otra parte, cuando los votos de la mayoría violan la ley natural y los principios establecidos en el texto bíblico, ese voto o legislación se vuelve ilegítimo.

En esencia, el problema con la democracia, el gobierno del pueblo, es que el voto de muchos puede estar equivocado. Otra debilidad de la democracia es que ella no es absoluta. Sus conceptos y leyes pueden moverse como el viento. Puede ser fácilmente influenciable por la cultura cambiante porque los ciudadanos pueden ser tan sencillamente manipulados por un cambio en la cultura y por la voluntad de la gente que está en las más altas posiciones. Ellos pueden ser inducidos a abandonar sus derechos y transferírselos a aquellos que rigen sobre sus vidas.

Platón sabía que eventualmente el gobierno del pueblo se deterioraría hasta transformarse en el gobierno del estado. Pronosticó con gran tristeza que incluso la democracia, con todas sus promesas y aspiraciones para una sociedad buena, civil y justa, no sobreviviría como gobierno humano. Cuando su mejor opción no es lo suficientemente buena, la única alternativa es buscar algo mejor en otra parte. Hay una mejor alternativa… y ese es el mensaje de este libro.

EL REGRESO DEL REY Y SU REINO

¿Cuál es esta alternativa? Volver al concepto original de gobierno de Dios el Creador, es el verdadero concepto de Reino. Por supuesto, la gente que ha vivido toda su vida en el contexto de una democracia o una república generalmente encuentra no solo difícil sino casi imposible comprender o aceptar fácilmente la idea de un reino. Algo que agrava aun más el problema es el proceso histórico educacional que tiñe el concepto con un matiz negativo debido a la experiencia con reyes y reinados corruptos en el pasado.

De hecho, para muchas personas, por su entendimiento limitado, un reino es simplemente la dictadura en las manos de una familia. Si esto fuera cierto, entonces el mensaje de Jesucristo hace dos mil años habría sido la promoción y el establecimiento de una dictadura en la que Él mismo era el dictador. Él se llamó *Rey* y dijo que había venido para traer a la Tierra un *Reino*. Según este mensaje, que fue el único que predicó, la principal clave para un gobierno humano exitoso es la restauración de un Rey y un Reino en la Tierra, pero este es un Rey justo y benevolente. Hay solamente Uno que puede cumplir ese rol: es Él, quien nos creó y nos diseñó a cada uno con un propósito único. Debemos traer al Rey nuevamente. Este Rey cuida de sus ciudadanos. Su reinado es justo.

Este es el Reino original ideal que el corazón de toda la humanidad busca. Toda la humanidad a lo largo de la historia y todavía hoy busca desesperadamente hallar ese reino perfecto. El hombre ha probado cada manera imaginable de crear un gobierno sin defectos. Lo que no ha comprendido es que el Reino original, establecido por el Rey, es lo que busca todo este tiempo. Los reinos de este mundo deben aceptar el Reino del Señor y de su Cristo. El Rey y el Reino original e ideal son superiores a toda otra forma de gobierno. Este libro demostrará ese punto a medida que continuemos nuestra travesía hacia la comprensión de este concepto majestuoso.

El mundo necesita un Rey benevolente. Tenemos a ese Rey; simplemente no lo reconocemos. Anteriormente dije que una cualidad de un rey legítimo es la posesión de tierras, lo cual automáticamente lo convierte en un señor. Dios, que se ha revelado a sí mismo en la persona de Jesucristo, es el principal Señor y Dueño de todas las cosas. ¿Quién hace Rey y Señor a Dios? ¡Nadie! Él es Rey y Señor por derecho de creación. Los derechos de creación le otorgan el derecho indiscutible de propiedad sobre la Tierra y el Universo. Él creó todas las cosas y eso automáticamente lo convierte en Señor de todo. No le dimos a Dios la Tierra. Él no precisa que nosotros lo hagamos Rey. Tan solo podemos reconocerlo como el Rey. Su propósito y plan original era extender su Reino invisible de los cielos a la Tierra a través del hombre como un agente celestial. En esencia, con el Reino de Dios sobre la Tierra, que es su territorio, a través de la humanidad, nosotros seríamos gobernantes debajo del Soberano.

Una vez que estamos debajo del gobierno de este Rey lleno de gracia, misericordia, benevolencia, amor y protección, Él toma la responsabilidad personalmente por nosotros, no como siervos o sirvientes, sino como familia e hijos reales. Esta preocupación por los ciudadanos de parte del rey es un concepto llamado *kingdom welfare* (Bienestar del reino) y describe el compromiso personal de cuidar las necesidades y deseos de sus ciudadanos dentro de su tierra. Por lo tanto, la palabra *welfare* (bienestar social) es un concepto que solo puede ser completamente entendido en el contexto de un reino. Cuando nos sometemos a un rey y su reino, caemos bajo su *welfare*. *Welfare* no es una palabra que pueda ser usada en una democracia.

Para muchos, la misma palabra *welfare* dibuja una imagen negativa en sus mentes, y la consideran una maldición social. En el contexto de un reino, no obstante, *welfare* es una bella palabra que describe algo altamente deseable. Se usa para expresar el compromiso del rey con el bienestar de su ciudadanía. Por eso en todos los reinos verdaderos el concepto de prosperidad y de servicio social se denomina bienestar común. Lo repito: puede ser plenamente comprendido en el marco del reino. En cualquier otra forma de gobierno, ningún régimen o persona ha sido jamás exitosa en cuidar de todos los ciudadanos.

De hecho, incluso con la mejor forma de gobierno humano, la democracia, existe una lucha entre los ricos y los pobres, los que tienen comparados con los que no, la extrema y desigual distribución de las riquezas, discriminación, racismo, divisiones, clasificaciones sociales, y segregación étnica. La historia continuamente fracasa al querer mostrarnos un gobierno que manifieste la igualdad, armonía, estabilidad y comunidad que el hombre deseó y buscó desde el día de la caída de Adán y Eva. Aun lo mejor es defectuoso. Ningún gobierno ha logrado cuidar de sus ciudadanos de una manera justa. En un Reino verdadero ideal, sin embargo, el *bienestar* de todos los ciudadanos es la responsabilidad personal del rey. Esa es la razón por la que el concepto original de Reino, como en el Reino de Dios que Jesús enseñaba, es superior a todos los demás gobiernos.

Por lo tanto, en un reino, el concepto de *mancomunidad* también es muy importante, y la palabra describe correctamente la naturaleza de la relación que el rey tiene con su ciudadanos y súbditos. La riqueza en un reino es un bien común, compartido. Por lo tanto, en un reino verdadero ideal no hay discriminación ni distinción entre el rico y el pobre, porque en un reino así todos los ciudadanos tienen igual acceso a las riquezas del reino y los recursos provistos por el benevolente rey. En esencia, el interés del Rey es el bienestar del Reino y todo lo que hay en él.

Si ninguno de los sistemas humanos es adecuado, ¿entonces cómo adoptamos el concepto original de Reino de Dios en nuestro mundo? Comenzando por entender la *colonización*.

Principios

1. El 90% de todos los problemas nacionales e internacionales que enfrenta nuestro mundo hoy es el resultado del gobierno o de la religión.

2. La necesidad de un gobierno y orden es inherente al espíritu humano y a su manifestación de un mandato divino dado a la humanidad por el Creador.

3. La necesidad humana de alguna estructura de gobierno formal es un resultado de su necesidad de orden social y administración.

4. El mandato del Creador a la humanidad fue de gobierno y dominio.

5. Algunos gobiernos son mejores que otros, pero todos son inferiores al de Dios, el Reino de los cielos.

6. El feudalismo como concepto de gobierno fue un derivado del gobierno original establecido en el jardín del Edén con el primer hombre, Adán, quien fue hecho señor de la Tierra.

7. El feudalismo es una ilustración del peligro de poner la autoridad que le pertenece al Rey de los cielos en las manos de reyes y señores humanos impíos e injustos.

8. Una dictadura es un gobierno que concentra sus poderes y autoridad en las manos de un individuo que ejerce absoluta autoridad sin restricciones por parte de las leyes, Constitución o cualquier otro factor político/social.

9. El comunismo es el intento del hombre por controlar la Tierra y el pueblo mediante el ejercicio de la dictadura.

10. El comunismo es el intento de establecer un reino sin justicia.

11. El socialismo sustituye al rey por el estado e intenta controlar a la sociedad para el beneficio de ella misma.

12. La democracia es la mejor forma de gobierno civil que conocemos, por sus principios básicos y por su sistema de equilibrio de poderes.

13. Uno de los más grandes defectos de la democracia es su principio del gobierno de la mayoría, el cual aunque le otorga poder a esta, ubica la moral, los valores y normas como ley, y por lo tanto legitimiza los valores, deseos, creencias, aspiraciones y preferencias según el voto mayoritario.

14. Nuestra mejor alternativa es regresar al concepto original de gobierno de Dios el Creador, el Reino.

Capítulo tres

El concepto original de Reino: colonización de la Tierra

D e nuestra exploración hasta aquí, al menos dos cosas deberían estar perfectamente claras a este punto. Primero: cada persona sobre la Tierra, sin excepción alguna, busca un reino. Consciente o inconscientemente, toda actividad humana y todo esfuerzo están dirigidos de una manera u otra hacia este objetivo. Y segundo: como ya hemos visto, el concepto de reino es muy superior a todo sistema gubernamental concebido por el hombre. La advertencia, por supuesto, es que un reino tal debería ser gobernado por un rey justo y benevolente. De lo contrario, un reino no probaría ser mejor que ningún otro sistema.

La superioridad inherente de un reino por sobre otros sistemas de gobierno es un concepto especialmente difícil de entender para mucha gente en el occidente. Como mencioné antes, pocos occidentales han vivido alguna vez bajo un reino y por lo tanto saben poco y nada acerca de cómo opera. Esta dificultad es aún más aguda para los ciudadanos de América, cuyas naciones, después de todo, se establecieron como rebelión contra un reino.

De todos modos, un reino regido por un rey soberano, justo y benevolente sigue siendo el mejor sistema de gobierno que la humanidad podría desear. La razón es sencilla: El concepto de reino es de origen celestial no terrenal. Su aparición en la Tierra se debe a otro concepto que se originó en el Cielo: el concepto de la colonización.

Dicho simplemente, colonización es el sistema celestial para la influencia terrenal.

Veamos el cuadro completo

Para poder entender esto, es importante que veamos el cuadro completo.

Nosotros los humanos, divididos como estamos por religión, etnias, geografía, identidad nacional, sistemas de gobierno y economías diferentes, tenemos problemas a la hora de captar el cuadro general de que somos una aldea global. Las diferencias culturales, religiosas y las lealtades territoriales a menudo nos impiden ver verdaderamente cuánto tenemos en común unos con otros. En el fondo, todos tenemos los mismos temores, esperanzas, sueños y necesidades. Todos compartimos un deseo común de ser capaces de controlar nuestras circunstancias. Conscientemente o no, todos buscamos un reino en el cual seamos iguales, disfrutemos de los mismos derechos, beneficios, libertad, seguridad, salud y abundancia; vidas con significado y propósito y un potencial explotado.

En medio de nuestra búsqueda miope de mejoramiento, no logramos reconocer que un reino así está disponible para que lo alcancemos. Pero nunca lo veremos hasta que retrocedamos para captar el cuadro completo.

Cuando estudiaba arte en la facultad, uno de los conceptos fundamentales que aprendí es siempre ver primero el final y luego volver a trabajar desde el principio. En otras palabras, un artista ve el producto terminado en su mente antes de comenzar a pintar, esculpir o dibujar. Eso es lo que significa ver el cuadro completo: ver el final desde el comienzo y mantener ese fin claramente en vista a través de todo el proceso creativo. Solo así el artista podrá asegurarse que el producto terminado concuerda con su visión o diseño original.

Un observador casual de cualquier fase del proceso a veces no encuentra sentido, porque no posee el cuadro completo del producto acabado que está en la mente del artista. Unos pocos golpes del pincel sobre un lienzo pueden no significar nada para alguien que mira al pintor, pero un buen artista sabrá exactamente lo que está haciendo. Sabrá a dónde se dirige y cómo llegar allí porque ya vio el resultado en su mente. Él ve el cuadro completo. Por eso nunca debemos juzgar a un artista mientras trabaja. Es solo cuando el producto está acabado que podemos ver su visión completa o su intención.

Ya sea que pinte un cuadro, talle una escultura o construya una casa, es crítico que mantenga el cuadro completo, el producto terminado, claramente en su visión. De otro modo, su sueño o visión original nunca se realizará, o acabará con algo completamente diferente a lo que había planeado.

El mayor problema en el mundo hoy, aun el religioso, es que estamos tan preocupados con las fases que no podemos ver el cuadro completo. Estamos tan imbuidos en nuestra pequeña parte, y peleando y discutiendo con todos los demás por nuestra pequeña parte, que perdemos de vista nuestro propósito. Lo más importante en la vida es el cuadro completo. Pero todos tenemos imágenes sueltas. En alguna parte del camino, la humanidad perdió la imagen completa de nuestro propósito, y solo nos quedan partes sueltas que nos brindan una estrecha y muy confusa impresión del todo. Ahora, nos queda trabajar con cabos sueltos, búsquedas fútiles carentes de significado.

El propósito define el cuadro completo. En otras palabras, la imagen completa es el propósito original o intención del artista o constructor, el resultado deseado. ¿Cuál era el propósito de Dios como Artista cuando creó a la humanidad? ¿Cuál era el resultado final deseado? Como Diseñador de la raza humana, ¿cuál fue el plan original de Dios? Este es un punto crítico para nosotros, ya que sin propósito, la vida humana no tiene sentido o significado. Y eso es exactamente lo que los filósofos de nuestro tiempo dicen: la vida humana no tiene sentido o significado, así que cada uno de nosotros debe crear o fabricar un significado para su vida donde pueda hallarlo. Hemos perdido de vista el cuadro completo, la intención original de Dios para la humanidad, y sin Él nuestras vidas no son nada más que etapas desfasadas que no tienen sentido.

Si nuestras vidas no tienen un significado, debemos recuperar el cuadro completo del plan original de Dios para nosotros. En el principio, Dios emprendió un hermoso proyecto de construcción llamado la raza humana. ¿Por qué? Porque el propósito original de Dios al crear la humanidad –su cuadro completo– era extender su gobierno invisible al mundo visible. Él quería extender su nación celestial a otro territorio. Su deseo, entonces, era establecer en la Tierra una colonia del Cielo.

LA IMAGEN COMPLETA DE DIOS

La colonización es un concepto que no fue inventado por el hombre. No es el producto de ningún reino humano o ninguna cultura. La colonización se originó en la mente de Dios. Fue su idea. El propósito original de Dios era establecer una manifestación de su Reino celestial en la Tierra sin venir Él mismo a residir aquí.

Una autoridad colonizadora, tal como un rey, no tiene que estar presente físicamente para que la colonización ocurra. La mera presencia de la influencia de esa autoridad es suficiente. Siempre y cuando Dios pudiera extender su gobierno real a la Tierra a través de sus representantes delegados, su influencia mantendría el dominio aquí sin necesidad de su presencia física.

El plan original de Dios fue extender su gobierno celestial sobre la Tierra, y su plan para lograrlo era establecer una colonia del Cielo en la Tierra. Este era el cuadro completo de Dios. El Rey de los cielos tiene una gran agenda, mayor que todos los asuntos nacionales e internacionales. La suya es una agenda interdimensional. Dios trata con los asuntos interdimensionales, las relaciones entre la dimensión invisible del Cielo y la dimensión visible de la Tierra. Su plan era conectar estas dos dimensiones a través de la colonización. Sin embargo, Dios no estaba conforme con meramente establecer su influencia sobre la Tierra; Él deseaba tomar algunos ciudadanos del Cielo y ponerlos sobre la Tierra para establecer la colonia.

¿Cómo lograría esto? Examinemos algunas declaraciones de La Biblia, que es la Constitución del Reino de los cielos. Al igual que cualquier otra Constitución, La Biblia establece los principios, leyes y características que definen el Reino de Dios. Consideremos primero las palabras de apertura de esta Constitución: su preámbulo.

Dios, en el principio, creó los cielos y la tierra (Génesis 1:1).

Esta declaración inicial establece el reinado universal de Dios por derecho divino de creación con absoluta autoridad para hacer lo que a Él le plazca. Un poco más adelante encontramos los estatutos coloniales de la Tierra:

> *Dijo [Dios]: 'Hagamos al ser humano a nuestra imagen y semejanza. Que tenga dominio sobre los peces del mar, y sobre las aves del cielo; sobre los animales domésticos, sobre los animales salvajes, y sobre todos los reptiles que se arrastran por el suelo'. Y Dios creó al ser humano a su imagen; lo creó a imagen de Dios. Hombre y mujer los creó, y los bendijo con estas palabras: 'Sean fructíferos y multiplíquense; llenen la tierra y sométanla; dominen a los peces del mar y a las aves del cielo, y a todos los reptiles que se arrastran por el suelo'*
> (Génesis 1:26-28).

Con estas palabras Dios, el Rey y Señor del Cielo, declaró su plan colonizador. Su estatuto colonial delineó el propósito y definió los parámetros de la colonia. También designó a las personas que recibirían la responsabilidad de llevar a cabo el deseo del Rey.

Note que esta declaración no dice nada acerca de la religión. Este estatuto no es una declaración religiosa: es un documento de gobierno que define el plan y establece la autoridad gubernamental. De modo que el Rey, en esta declaración, declara su cuadro completo: crear algunos seres como Él mismo, ubicarlos en la Tierra, y dejarlos que gobiernen por Él como vicerregentes de su gobierno celestial. Este era su plan y su propósito al crear al hombre. Y como los propósitos de Dios son inmutables, este sigue siendo su plan todavía.

Las tierras de la corona del Cielo

Dios creó la Tierra como un lugar sobre el cual extender su influencia, pero planeó hacerlo a través de la humanidad, no Él en persona. Él diseñó al hombre para ser un colonizador perfecto del mundo físico que Él quería colonizar. Por esa causa, los seres humanos estamos tan bien preparados para vivir en este mundo. La Biblia dice que Dios creó al hombre "del polvo de la tierra" (vea Génesis 2:7). La evidencia científica lo confirma. Nuestros cuerpos están hechos del mismo material que la tierra. Antes de que Dios nos creara, Él moldeó un mundo físico que sería un medioambiente perfecto para que nosotros cumplamos nuestro propósito y destino. Entonces formó nuestros cuerpos físicos del mismo material. El hombre es un ser trino así como su Creador. Reflejamos su imagen hasta en nuestra composición. El hombre es un ser espiritual que sigue la naturaleza y esencia de su fuente: el Padre, Dios; vive en un cuerpo, el cual es su traje terrenal que le permite identificarse con su medioambiente físico; posee un alma, la cual es su intelecto, voluntad y capacidades emocionales. Hemos sido creados para encajar perfectamente en la Tierra como Dios lo hace en el Cielo.

Como dijimos anteriormente, el fundamento y la aptitud para el reinado es la posesión de la tierra por derecho. En un reino, las tierras son propiedad personal del rey, y su derecho de propiedad lo nombra señor de ellas. En un reino, cuando nos referimos al territorio físico, lo llamamos "tierras de la corona". Esto implica que la tierra es propiedad de la corona, refiriéndose al rey mismo. Por derecho creativo, la Tierra es las "tierras de la corona" del Cielo. En un reino, toda la tierra le pertenece al rey. Cada metro cuadrado de territorio es su posesión personal, su dominio. En un reino verdadero, por lo tanto, no existe tal cosa como la propiedad privada de los ciudadanos; el rey lo posee todo.

Las Bahamas, donde vivo, una vez fue parte del Reino Unido del Imperio Británico. Cuando los británicos tomaron Las Bahamas de manos de los españoles, las más de setecientas islas inmediatamente se convirtieron en posesión personal del rey de Inglaterra. No se volvieron propiedad del gobierno británico; hay una diferencia. Esas islas se hicieron parte de la propiedad personal del soberano británico. Todos los que crecimos bajo ese acuerdo entendíamos que las tierras eran conocidas como tierras de la corona, queriendo decir que le pertenecían al que llevara la corona. De hecho, durante esos años, no era poco común que el rey o la reina de Inglaterra le regalara una isla para un cumpleaños a un hijo o hija o a algún sobrino o sobrina. Como las islas eran tierras de la corona, los monarcas, en su propia prerrogativa real, podían obsequiarlas cada vez que quisieran como regalo personal. En efecto, esta tierra podría haber sido dada a cualquier ciudadano como presente del gobierno bajo la autoridad del rey, y mucha gente en nuestra colonia recibía grandes parcelas de tierra para uso personal.

Lo mismo sucede con el Reino de Dios. Él posee la Tierra y todo lo que hay en ella; la Tierra es las "tierras de la corona". Como un antiguo poeta escribió:

Del Señor es la tierra y todo cuanto hay en ella, el mundo y cuantos lo habitan; porque él la afirmó sobre los mares, la estableció sobre los ríos (Salmo 24:1-2).

Porque Dios posee la Tierra, Él puede hacer lo que quiera con ella. Y le plació dársela al hombre. Otra vez, en las palabras del viejo poeta:

Los cielos le pertenecen al Señor, pero a la humanidad le ha dado la Tierra (Salmos 115:16).

No cometa el error de comparar esto con propiedad personal. La tierra dada a alguien por parte del rey, sigue siendo de la corona. En cualquier momento el rey puede tomarla y dársela a otro. Esa es la prerrogativa real. Así que cuando Dios "le dio" la Tierra al hombre, Él no renunció a su propiedad. Nosotros poseemos la Tierra como un fideicomiso, como mayordomos, como "reyes" debajo del Gran Rey de los Cielos. El Rey nos dio dominio sobre la Tierra, no como propietarios sino como reyes-vasallos para extender su gobierno celestial a la dimensión terrenal. Nos dio el gobierno, no la propiedad. Tenemos el privilegio de regir la Tierra, y con ese privilegio también vienen las responsabilidades de una administración sabia y justa. Y tenemos que rendirle cuentas al Rey por cómo administramos nuestro dominio.

También es prerrogativa del Reinado y Señorío que Dios puede, sin el permiso de sus actuales habitantes, prometerle a Abraham la tierra de Canaán como derecho de nacimiento.

Hoy vemos este entendimiento de la tierra de la corona aplicado a la nación de Israel. La ley antigua judía traída por Moisés estipulaba que ninguna venta de propiedad en Israel sería permanente porque la tierra le pertenecía a Dios:

La tierra no se venderá a perpetuidad, porque la tierra es mía y ustedes no son aquí más que forasteros y huéspedes. Por tanto, en el país habrá la posibilidad de recobrar todo terreno que haya sido heredad familiar (Levítico 25:23-24).

Los israelitas eran libres de ocupar su propia parcela de tierra, desarrollarla, cultivarla, vivir de ella, e incluso pasarla a sus herederos. Sin embargo, ellos no debían venderla, especialmente a los que no eran israelitas. Si las circunstancias económicas hacían necesario vender la propiedad a un compatriota, la ley hacía resguardo para que la Tierra fuera devuelta. Cada cincuenta años Israel celebraba el Año de Jubileo, durante el cual toda tierra que haya cambiado de manos desde el jubileo anterior, regresara automáticamente al dueño original.

En Israel actualmente, un principio similar está en acción. Cuando las parejas jóvenes se casan, el gobierno israelí les provee o ayuda con su primera casa. ¿Por qué? Porque no hay propiedad privada en Israel. Oficialmente, la Tierra le pertenece a Dios. El principio que yace aquí es que en un reino, vivir y usar la tierra son privilegios, no derechos.

Esta práctica refleja una conciencia de reino que todos necesitamos cultivar. Es crítico para nuestro entendimiento del Reino y de cómo opera que reconozcamos que toda la Tierra es tierra de la corona del Cielo, y que nosotros somos meramente "extranjeros" y administradores de la propiedad de Dios.

El plan colonizador de Dios

Dios no hace nada sin un propósito. Desde el mismísimo comienzo, el plan de Dios fue colonizar la Tierra. Isaías, un antiguo escriba y vocero del Rey, escribió:

Porque así dice el Señor, el que creó los cielos; el Dios que formó la tierra, que la hizo y la estableció; que no la creó para dejarla vacía... (Isaías 45:18).

Nuestra presencia en la Tierra fue una decisión colonizadora por parte de nuestro Rey. Él creó este planeta como un nuevo territorio, nos modeló del mismo material, nos plantó aquí, y emitió el decreto real otorgándonos el dominio. No poseemos nada, pero tenemos acceso a todo, siempre y cuando operemos en los parámetros de los principios de gobierno que el Rey estableció para su Reino. Eso es lo que significa ser una colonia del Cielo.

El concepto de colonización es el componente más importante que debemos comprender sobre un reino o, de lo contrario, será imposible captar plenamente la esencia del mensaje de La Biblia, los profetas, y el enfoque y la prioridad del Jesucristo. La mala interpretación o la ignorancia de este concepto de reino sobre la colonización han producido todas las religiones y sectas. El cristianismo como religión es un producto de esta mala interpretación. El propósito primordial, la motivación, el plan y programa de Dios el Creador era colonizar la Tierra por parte del Cielo.

Es clave porque una vez que entendamos lo que Dios planeó, comprenderemos qué está haciendo. Él puso a la gente sobre este planeta con la intención de expandir su influencia y autoridad del plano sobrenatural al natural. Una colonia, según la definición, está poblada por gente que originalmente provino de otro lugar. Es un puesto fronterizo habitado por ciudadanos de un país lejano con lealtad hacia su nación de origen. Dicho de otro modo, una colonia es un *grupo de emigrantes o sus descendientes que se asientan en una tierra distante, pero permanecen sujetos al país natal.*

La colonización consiste en que los ciudadanos de un país habitan un territorio extranjero con el propósito de influenciar ese dominio con la cultura y valores de su país natal y gobernarlo mediante las leyes de su gobierno de origen. Por ejemplo, el mensaje de Jesús en su declaración de misión, según está registrado en Mateo 4:17, *el Reino de los cielos ha llegado* (paráfrasis del autor), indicaría que la primera colonia del Cielo había regresado a la Tierra a través de Él. Como ciudadanos del Cielo, nosotros habitamos la Tierra con el propósito de influenciarla con la cultura y los valores del Cielo y llevarla bajo el gobierno del Rey de los cielos.

Saulo de Tarso, un embajador del primer siglo y colonizador del Rey de los cielos, describió el plan colonizador del Rey de este modo:

> *... y de hacer entender a todos la realización del plan de Dios, el misterio que desde los tiempos eternos se mantuvo oculto en Dios, Creador de todas las cosas. El fin de todo esto es que la sabiduría de Dios, en toda su diversidad, se dé a conocer ahora, por medio de la iglesia, a los poderes y autoridades en las regiones celestiales, conforme a su eterno propósito realizado en Cristo Jesús nuestro Señor* (Efesios 3:9-11).

El plan de Dios era plantar una colonia de sus ciudadanos en la Tierra para hacer conocer *su multiforme sabiduría,* su corazón, mente, voluntad y deseos, a los *principados y potestades en los lugares celestiales.* En otras palabras, el mundo espiritual. Su propósito era mostrar a las potestades espirituales de oscuridad cómo seres creados a su imagen podían ser plantados en el planeta e infundir el gobierno y la cultura del Cielo, de modo que al final la Tierra pudiera lucir igual que el Cielo.

En síntesis:

1. *Una colonia es un grupo de ciudadanos establecidos en un territorio extranjero para influenciar ese dominio de parte de su gobierno natal.*

2. Una colonia es un territorio extranjero habitado por ciudadanos comisionados para influenciar ese dominio con la cultura y los valores de su gobierno de origen. — *Dios y su idea de colonización*

3. Una colonia es la presencia de una ciudadanía culturalmente diferente en un territorio extranjero gobernado por las leyes y la cultura de su gobierno base.

Ese es el concepto de la colonización en un reino. *plan original de Dios de extender su gobierno celestial sobre la tierra*

Entendamos juntos los conceptos de reino

Estudiar los conceptos de reino es importante por algunas razones. Primero, porque como la mayoría de nosotros hoy, en particular en el occidente, nunca hemos vivido bajo un reino, el concepto es extraño para nosotros. Simplemente no sabemos lo que significa vivir bajo un rey. Esto puede no resultar un problema si no fuera por la segunda razón que tenemos para estudiar el Reino: *El gobierno de Dios, el gobierno de los cielos, es un reino, y Dios es el Rey.* Y porque su Reino se extiende sobre toda la creación, abarcando tanto las dimensiones sobrenaturales como las naturales, nos alcanza también a nosotros, lo cual constituye el motivo por el que necesitamos comprenderlo. Una tercera razón importante para estudiar y restaurar este concepto de reino es que La Biblia no trata sobre una religión y una organización sino sobre un Rey y su Reino. Por lo tanto, para poder entender, interpretar y aplicar Las Escrituras correctamente, es necesario poseer el conocimiento sobre los reinos.

La monarquía es la más antigua de todas las formas de gobierno y la única de origen divino. Dios *inventó* el concepto de reino y lo estableció primeramente en el Cielo. Dicho sencillamente, un reino es simplemente un dominio sobre el cual un rey gobierna. El Cielo fue el primer dominio que Dios creó. Aunque invisible, es un lugar real, aun más real de lo que nosotros llamamos realidad. Lo natural provino de lo sobrenatural; por lo cual lo sobrenatural siempre es más real que lo natural. El Cielo es más real que la Tierra, aunque no podemos verlo con nuestros ojos físicos. En el principio, Dios estableció un reino como el sistema gubernamental para regir sobre la dimensión sobrenatural del Cielo.

Una vez que su Reino fue establecido en el cielo, Dios deseó extenderlo hacia otro dominio. Con este fin en mente –el cuadro completo– Él creó el universo físico y visible con billones de estrellas, incluyendo aquella que llamamos *sol*, el sol alrededor del cual gira este planeta al que llamamos Tierra. El Rey eligió este planeta específicamente como ubicación de su colonia del Reino. Él lo creó con ese objetivo. Luego puso allí seres humanos creados a su imagen para que administraran la colonia en favor suyo. De esta manera, Dios también estableció el primer reino terrenal, el cual era meramente una extensión de su Reino de los cielos.

Mediante la rebelión contra el Rey, sin embargo, el hombre perdió su gobierno. Hemos tratado de recuperarlo desde entonces. Aunque perdimos nuestro reino terrenal, todavía retenemos la idea original de reino que el Rey implantó en nuestro espíritu. Buscamos el Reino en todo momento, pero sin Dios no podremos hallarlo jamás, porque viene de Él.

En su búsqueda por el Reino a través de los siglos, el hombre ha desarrollado y experimentado muchos sistemas diferentes de gobierno. Cada uno de ellos, aun aquellos que llamamos *reinos*, es defectuoso porque la humanidad en sí misma es imperfecta. Pero todos ellos son movidos por nuestro deseo de recobrar y restaurar el Reino original. Esto no es una fantasía *utópica*. En el principio, Dios estableció la utopía en el cielo, y luego la extendió a la Tierra. Nuestros sueños son simplemente expresiones de nuestro anhelo por recuperar el Reino que una vez tuvimos, pero que perdimos.

Según el *estatuto colonizador* descrito en Génesis 1:26 que vimos antes, al hombre le fue dado originalmente un reino terrenal sobre el cual regir, ese era perfecto. Adán y Eva eran señores feudales del dominio físico, corregentes a su vez gobernados solamente por Dios, su Creador-Rey. Ellos eran su pueblo y Él era su Dios; no había gobierno intermediario.

Los reinos humanos, que en el mejor de los casos eran un reflejo tenue e imperfecto del Reino de Dios, tenían ciudadanos que también eran súbditos del rey, queriendo significar que estaban *sujetos* a sus ambiciones personales, así como también a sus metas, caprichos y deseos. El Reino de Dios es diferente. En el Reino de Dios no hay súbditos, pero cada ciudadano es un rey (o reina) en su propio derecho. Por ese motivo La Biblia se refiere a Dios como el *Rey de reyes*. Él es el Rey del Cielo que gobierna sobre reyes humanos que Él creó en su oportunidad para reinar sobre el dominio terrenal.

El Reino está aquí

La rebelión de Adán y Eva les costó su reino. El capítulo 3 de Génesis relata la triste historia de cómo la pareja humana cayó víctima de las mentiras y engaños de la serpiente, la cual encarnó al príncipe de la oscuridad, ese ángel caído conocido como satanás o lucifer. Con la abdicación de Adán y Eva, Lucifer tomó el control del dominio terrenal como un pretendiente al trono descarado, arrogante e ilegal.

Inmediatamente el Rey de los cielos puso en marcha su plan de restaurar lo que el hombre había perdido. ¿Y qué fue lo que el hombre perdió? Un *reino*. Adán y Eva no perdieron una religión, porque ellos nunca habían tenido una; ellos tenían un reino. Entonces cuando Dios se propuso restaurar lo que ellos habían perdido, comenzó a restaurar un reino, no una religión. Esta es un invento de los hombres, nacida de los esfuerzos por hallar a Dios y restaurar el reino por sus propios medios. Pero solamente Dios puede restaurar el reino que el hombre perdió.

Luego del desastre del Edén, el Rey confrontó a sus corregentes rebeldes y al engañador y se dirigió a cada uno de ellos por vez. Es de gran interés para nosotros en este aspecto lo que el Rey le dijo a la serpiente, porque tiene sus implicaciones para el reino:

Pondré enemistad entre tú y la mujer, y entre tu simiente y la de ella; su simiente te aplastará la cabeza, pero tú le morderás el talón (Génesis 3:15).

Refiriéndose a la *simiente* de la mujer por el pronombre singular, indica que el Rey hablaba de un descendiente en particular, uno que asestaría el golpe fatal contra lucifer y sus maquinaciones, *aplastando* su cabeza. Como el resto de los textos bíblicos dejan en claro, esta simiente específica apareció miles de años más tarde como el hombre Jesucristo de Nazaret, quien era el Hijo de Dios encarnado en un cuerpo humano.

Cuando Jesús apareció en la escena en tiempo real en la historia, trajo un mensaje no de una religión nueva o vieja, sino del Reino:

> *Desde entonces comenzó Jesús a predicar: 'Arrepiéntanse, porque el reino de los cielos está cerca'* (Mateo 4:17).

Estas son las primeras palabras de Jesús de las que se tiene registro. La frase *desde entonces* se refiere al arresto de Juan el bautista, un profeta cuya misión fue anunciar la llegada del Rey. Ahora el Rey mismo estaba en escena, y anunciaba la llegada del *Reino*. Este era el único mensaje que Jesús predicaba. Recorra los cuatro evangelios del Nuevo Testamento, Mateo, Marcos, Lucas y Juan, y verá que Jesús siempre habló sobre el Reino. Todo lo que decía y hacía se relacionaba con el Reino y su llegada a la Tierra.

Jesús decía *"Arrepiéntanse"* (lo cual significa cambiar su mente o adoptar una nueva manera de pensar) *porque el Reino de los cielos está* **cerca** (lo que quiere decir, en efecto, que ha llegado). En otras palabras, Jesús decía: "¡Cambien su manera de pensar! ¡El Reino de los cielos! ¡Lo traje conmigo!" Cuando Jesús trajo el Reino de los cielos a la Tierra, también trajo la promesa de restauración a la humanidad del dominio que Adán y Eva habían perdido en el Edén. Él nos devolvió nuestro gobierno.

Antes de que pudiera restaurarnos plenamente el Reino, sin embargo, la cuestión de nuestra rebelión hacia Dios debía ser tratada. Esta rebelión es lo que La Biblia llama pecado, y es universal en la naturaleza humana, un legado de la traición de Adán y Eva en el Edén hace tanto tiempo atrás. La muerte de Jesús en la cruz pagó el precio por nuestra rebelión para que pudiéramos ser restaurados a una posición correcta con Dios, nuestro Rey, y ser reinstaurados en nuestro lugar original y legítimo como regentes del dominio terrenal. El mensaje del *evangelio*, las *buenas nuevas*, es más que la cruz. Ella es la puerta que nos conduce nuevamente al Reino. Por lo tanto, la cruz de Cristo es la restauración del Reino, del poder y la autoridad; es un mensaje acerca de recobrar el gobierno, no una religión.

Hijos, no siervos

¿Por qué Dios esperó miles de años desde la promesa en el Edén, sobre la restauración del Reino, hasta su cumplimiento con la venida de Jesús? Él tuvo que permitir que el curso de la historia humana fluyera hasta que el tiempo fuera preciso. Para que nosotros pudiéramos entender todo lo que perdimos con el Reino, y más aun entender los principios que lo rigen, Dios necesitaba un prototipo exacto a manera de ejemplo. A través de los siglos, muchas civilizaciones humanas y reinos se levantaron y cayeron hasta que finalmente apareció un reino que tenía todo lo que Dios esperaba para mostrar cómo se suponía que su Reino debía funcionar. Cuando el Imperio Romano llegó al poder, tenía el concepto de ciudadanía. Tenía el concepto de señorío (propiedad). Tenía un rey y un dominio. Practicaba la colonización. Roma tenía tal influencia que, ante su avance, la parte del mundo conquistada se volvía igual que ella. Cuando Dios vio a Roma dijo: "Eso es exactamente lo que quiero".

Cuando el tiempo fue el correcto, el Rey de los cielos envió a su Hijo a restaurar su Reino sobre la Tierra. Saulo de Tarso lo expresó de este modo:

Pero cuando se cumplió el plazo, Dios envió a su Hijo, nacido de una mujer, nacido bajo la ley, para rescatar a los que estaban bajo la ley, a fin de que fuéramos adoptados como hijos (Gálatas 4:4-5).

La plenitud del tiempo no tiene nada que ver con relojes y todo que ver con sazones. Cuando la sazón de la historia era correcta, cuando el Imperio Romano se había levantado para servir como ejemplo viviente, cuando estaba en su lugar según el propósito divino, Dios envió a su Hijo al mundo físico con el mensaje, el Reino de los cielos había llegado. ¿Cuál era su propósito al restaurar el Reino? Ciertamente no era darnos una religión, sino restaurarnos a nuestros "plenos derechos" como hijos e hijas del Rey.

El Rey de los cielos desea hijos e hijas, no sirvientes. La religión produce sirvientes. Eso se revela en el espíritu de servidumbre. Por favor, no me malinterprete. Un corazón de siervo es, como dijo Jesús, la llave a la grandeza en el Reino de Dios (vea Mateo 20:26-27). Y Él dijo que Él mismo venía para servir en vez de ser servido (vea Mateo 20:28). Pero esta clase de servicio siempre debe proceder de la seguridad en nuestro conocimiento de que somos hijos del Rey y simplemente seguimos su ejemplo. La servidumbre en el espíritu religioso, por el contrario, proviene de un sentido de falsa humildad y desprecio personal en donde uno se ve a sí mismo no como un hijo, sino como un esclavo. Los hijos e hijas del Rey consideran el servicio como un *privilegio*; los religiosos lo ven como una obligación. Y allí radica la diferencia. Los hijos sirven por voluntad propia *porque ellos son hijos*. Los religiosos sirven a regañadientes, sienten que no tienen otra opción si es que esperan la aprobación del Rey. Nunca confunda *servir* con ser un *sirviente*.

Jesús vino para que pudiéramos *recibir todos los derechos de los hijos*. Esto es terminología legal. No hay ni un poquito de religión en estas palabras. Se refieren a los derechos legales y beneficios adquiridos por nacimiento. Somos hijos de Dios. Dicha condición es nuestro derecho por creación. Cristo no murió para mejorarnos: Él murió para recuperarnos y confirmarnos. El precio que pagó con su propia sangre no fue para hacernos valiosos sino para demostrar nuestro valor. Él no vino a la Tierra para enrolar un ejército de sirvientes. Vino para restaurar a los hijos e hijas de Dios a su legítima posición: la de gobierno, como herederos de su Reino.

Si somos herederos y estamos destinados a gobernar en el reino de nuestro Padre, entonces deberíamos aprender a entender su Reino y cómo opera con sus principios y conceptos. Deberíamos pensar, hablar y vivir como ciudadanos del Reino. Éste es el mensaje más importante de nuestra era y es la respuesta al dilema del hombre antiguo y moderno. Según Jesucristo, todos hacen lo posible por encontrarlo y se abren paso a la fuerza para aferrarse a él:

Desde entonces se anuncian las buenas nuevas del reino de Dios, y todos se esfuerzan por entrar en él (Lucas 16:16b).

Cada uno de los más de seis mil millones de individuos sobre la Tierra busca este Reino. Este libro está para ayudarlo a usted y a sus cohabitantes en este planeta a descubrirlo y entenderlo. Con ese objetivo en mente, los capítulos restantes examinarán en detalle conceptos claves del Reino de los cielos.

---

1. *Diccionario Ilustrado de La Biblia,* Nelson, Nashville, Thomas Nelson Publishers, 1986

Principios

1. La colonización es el sistema celestial para la influencia terrenal.

2. El plan original de Dios era extender su gobierno celestial sobre la Tierra, y su plan para lograrlo era establecer una colonia de los cielos en la Tierra.

3. Por derecho creador, la Tierra es "la tierra de la corona" del Cielo.

4. El Rey le dio al hombre el gobierno de la Tierra, no su propiedad.

5. Una colonia es un *grupo de emigrantes o sus descendientes que se establecen en un territorio distante, pero permanecen sujetos al país natal.*

6. Como ciudadanos del Cielo, habitamos la Tierra con el propósito de influenciarla con la cultura y los valores del Cielo, y traerla bajo el gobierno del Rey de los cielos.

7. El gobierno de Dios, el de los cielos, es un Reino, cuyo Rey es Dios.

8. Un reino es simplemente un territorio sobre el cual un rey tiene dominio.

9. En el Reino de Dios no hay súbditos, tan solo ciudadanos; pero cada ciudadano es un rey (o reina) en su justo derecho.

10. Cuando Jesús trajo el Reino de los cielos a la Tierra, también trajo la promesa de restaurar a la humanidad el dominio sobre la Tierra que Adán y Eva habían perdido en el Edén.

11. El Rey de los cielos desea hijos e hijas, no sirvientes.

12. Jesús vino para que podamos *recibir el pleno derecho de hijos.*

Capítulo cuatro

Concepto n.º 1 de Reino:

Acerca de los reyes

En tiempos recientes, se ha popularizado la noción de celebrar la oposición en contra de las monarquías, y muchos hasta han sugerido la erradicación del concepto de nuestro mundo moderno o postmoderno. La revuelta popular contra las monarquías que quedan en nombre del deseo de democracia se ha puesto de moda entre los autoproclamados luchadores por la libertad. En algunos casos, puede ser justificable; en muchas de las instancias citadas, esos reinos están llenos de contradicción, abuso, opresión, extremos sociales y administraciones dictatoriales.

Sin embargo, también debe tenerse en cuenta que muchas de las democracias de nuestro mundo actual también están plagadas de los mismos defectos y fracasos. En esencia, el problema no es el rey, los reinos, o incluso la forma de gobierno, sino los defectos en la naturaleza humana que operan en cualquiera de esos sistemas.

Aun así, el concepto de reino es el único presentado, predicado, promovido, enseñado y establecido por Jesucristo a lo largo de todo su ministerio terrenal. Su solución propuesta a los problemas de la humanidad en la Tierra es el establecimiento del Reino de los cielos en la Tierra. De hecho, el mensaje de La Biblia, y más específicamente, el enfoque central de Jesús no era una religión o, para el caso, alguno de los muchos temas que nosotros hemos magnificado y hemos predicado como si fueran el evangelio o las buenas nuevas para el mundo. Por ejemplo, Jesús nunca predicó como mensaje público prioritario temas tales como la fe, prosperidad, ofrenda, liberación o incluso su muerte en la cruz o su resurrección como el evangelio.

Pero repetidamente promovió y declaró *el Reino de Dios y el Cielo* como mensaje principal.

Estoy bien consciente de que esto puede causar bastante reacción, conflicto mental y resistencia religiosa; pero lo animo a escudriñar e investigar en los cuatro evangelios y descubrir por usted mismo esta sorprendente realidad. Jesús también indicó que este mensaje del *Reino* sería el mensaje de sus discípulos para el mundo.

El mensaje de Jesús sobre el Reino fue anunciado en el Antiguo Testamento antes de que él naciera en Belén. A continuación proporciono dos ejemplos. El primero indica la motivación de Dios para liberar a los esclavos de Israel de la opresión egipcia:

Si ahora ustedes me son del todo obedientes, y cumplen mi pacto, serán mi propiedad exclusiva entre todas las naciones. Aunque toda la tierra me pertenece, ustedes serán para mí un reino de sacerdotes y una nación santa. Comunícales todo esto a los israelitas (Éxodo 19:5-6).

En el segundo ejemplo, vemos la promesa mesiánica del Antiguo Testamento declarada por el profeta Isaías, indicando fuertemente los aspectos del gobierno del mandato de Reino:

Porque nos ha nacido un niño, se nos ha concedido un hijo; la soberanía reposará sobre sus hombros, y se le darán estos nombres: Consejero admirable, Dios fuerte, Padre eterno, Príncipe de paz. Se extenderán su soberanía y su paz, y no tendrán fin. Gobernará sobre el trono de David y sobre su reino, para establecerlo y sostenerlo con justicia y rectitud desde ahora y para siempre. Esto lo llevará a cabo el celo del Señor Todopoderoso (Isaías 9: 6-7).

El mensaje de Jesús estaba claramente enfocado en el Reino y no era motivado por un celo religioso:

Desde entonces comenzó Jesús a predicar: 'Arrepiéntanse, porque el reino de los cielos está cerca' (Mateo 4:17).

Jesús recorría toda Galilea, enseñando en las sinagogas, anunciando las buenas nuevas del reino, y sanando toda enfermedad y dolencia entre la gente (Mateo 4:23).

Dichosos los pobres en espíritu, porque el reino de los cielos les pertenece. Dichosos los que lloran, porque serán consolados (Mateo 5:3-4).

Porque les digo a ustedes, que no van a entrar en el reino de los cielos a menos que su justicia supere a la de los fariseos y de los maestros de la ley (Mateo 5:20).

Padre nuestro que estás en el cielo, santificado sea tu nombre, venga tu reino, hágase tu voluntad en la tierra como en el cielo (Mateo 6:9b-10).

Más bien, busquen primeramente el reino de Dios y su justicia, y todas estas cosas les serán añadidas (Mateo 6:33).

Jesús recorría todos los pueblos y aldeas enseñando en las sinagogas, anunciando las buenas nuevas del reino, y sanando toda enfermedad y toda dolencia (Mateo 9:35).

Dondequiera que vayan, prediquen este mensaje: El reino de los cielos está cerca (Mateo 10:7).

En cambio, si expulso a los demonios por medio del Espíritu de Dios, eso significa que el reino de Dios ha llegado a ustedes (Mateo 12:28).

A ustedes se les ha concedido conocer los secretos del reino de los cielos; pero a ellos no (Mateo 13:11).

Cuando alguien oye la palabra acerca del reino y no la entiende, viene el maligno y arrebata lo que se sembró en su corazón (Mateo 13:19a).

Jesús les contó otra parábola: 'El reino de los cielos es como un hombre que sembró buena semilla en su campo... (Mateo 13:24).

Les contó otra parábola: El reino de los cielos es como un grano de mostaza que un hombre sembró en su campo... (Mateo 13:31).

Les contó otra parábola más: 'El reino de los cielos es como la levadura que una mujer tomó y mezcló en una gran cantidad de harina, hasta que fermentó toda la masa (Mateo 13:33).

El reino de los cielos es como un tesoro escondido en un campo. Cuando un hombre lo descubrió, lo volvió a esconder, y lleno de alegría fue y vendió todo lo que tenía y compró ese campo (Mateo 13:44).

También se parece el reino de los cielos a un comerciante que andaba buscando perlas finas. Cuando encontró una de gran valor, fue y vendió todo lo que tenía y la compró (Mateo 13:45-46).

También se parece el reino de los cielos a una red echada al lago, que recoge peces de toda clase (Mateo 13:47).

Te daré las llaves del reino de los cielos; todo lo que ates en la tierra quedará atado en el cielo, y todo lo que desates en la tierra quedará desatado en el cielo (Mateo 16:19).

Les aseguro que algunos de los aquí presentes no sufrirán la muerte sin antes haber visto al Hijo del hombre llegar en su reino (Mateo 16:28).

Les aseguro que a menos que ustedes cambien y se vuelvan como niños, no entrarán en el reino de los cielos. Por tanto, el que se humilla como este niño será el más grande en el reino de los cielos (Mateo 18:3-4).

Por eso el reino de los cielos se parece a un rey que quiso ajustar cuentas con sus siervos (Mateo 18:23).

Así mismo el reino de los cielos se parece a un propietario que salió de madrugada a contratar obreros para su viñedo (Mateo 20:1).

Les aseguro que los recaudadores de impuestos y las prostitutas van delante de ustedes hacia el reino de Dios (Mateo 21:31b).

El reino de los cielos es como un rey que preparó un banquete de bodas para su hijo. Mandó a sus siervos que llamaran a los invitados, pero estos se negaron a asistir al banquete (Mateo 22:2-3).

¡Ay de ustedes, maestros de la ley y fariseos, hipócritas! Les cierran a los demás el reino de los cielos, y ni entran ustedes ni dejan entrar a los que intentan hacerlo (Mateo 23:13).

Y este evangelio del reino se predicará en todo el mundo como testimonio a todas las naciones, y entonces vendrá el fin (Mateo 24:14).

Entonces dirá el Rey a los que estén a su derecha: 'Vengan ustedes, a quienes mi Padre ha bendecido; reciban su herencia, el reino preparado para ustedes desde la creación del mundo' (Mateo 25:34).

Después de esto, Jesús estuvo recorriendo los pueblos y las aldeas, proclamando las buenas nuevas del reino de Dios (Lucas 8:1).

Entonces los envió a predicar el reino de Dios y a sanar a los enfermos (Lucas 9:2).

Él se los llevó consigo y se retiraron solos a un pueblo llamado Betsaida, pero la gente se enteró y lo siguió. Él los recibió y les habló del reino de Dios. También sanó a los que lo necesitaban (Lucas 9:10b-11).

Además, les aseguro que algunos de los aquí presentes no sufrirán la muerte sin antes haber visto el reino de Dios (Lucas 9:27).

No tengan miedo, mi rebaño pequeño, porque es la buena voluntad del Padre darles el reino (Lucas 12:32).

Por eso, yo mismo les concedo un reino, así como mi Padre me lo concedió a mí (Lucas 22:29).

Mi reino no es de este mundo —contestó Jesús. Si lo fuera, mis propios guardias pelearían para impedir que los judíos me arrestaran. Pero mi reino no es de este mundo (Juan 18:36).

—¡Así que eres rey! —le dijo Pilato.
—Eres tú quien dice que soy rey. Yo para esto nací, y para esto vine al mundo: para dar testimonio de la verdad. Todo el que está de parte de la verdad escucha mi voz (Juan 18:37).

Mi propósito, con esta lista de declaraciones, es mostrar y enfatizar la preocupación que Jesús tenía por el concepto de reino más que por una religión. Observe en particular la última declaración, en donde Jesús se confiesa a sí mismo como un "rey" y no como presidente o primer ministro o alcalde. Por eso es necesario y vital que redescubramos y anhelemos comprender el Reino como un concepto y una realidad. Ese es el fundamento del plan de Dios para la humanidad.

La idea original de reino es distinta de la versión terrenal, aunque contiene muchos de los mismos componentes y conceptos que todos los reinos. A pesar de los muchos que han fracasado a lo largo de la historia mundial, todavía asoman los siguientes interrogantes: ¿por qué Dios eligió un reino y no una república? ¿Por qué un reino y no una democracia o socialismo? ¿Cuáles son los beneficios de estar en un reino más que en una república democrática o un régimen comunista? ¿Por qué es un reino mejor que una democracia o una forma de gobierno socialista? ¿Por qué Jesús es un Rey y no un presidente?

¿Qué es exactamente un reino? Dicho de manera sencilla, es el gobierno de un rey. Más específicamente, un reino es el gobierno soberano y la influencia regente de un rey sobre su territorio, impactándolo con su voluntad, planes y propósitos, manifestando una cultura y sociedad que refleja la naturaleza, valores y moral del rey. Es el impacto de gobierno de la voluntad de un rey sobre un territorio o dominio, su influencia sobre un pueblo.

Por lo tanto, el corazón mismo de cualquier reino es su rey. Esta definición describe a la perfección la relación de Dios con la dimensión celestial. El cielo existe por causa de la actividad creadora de Dios.

A lo largo de toda su expansión, está impregnado de su presencia, carácter y autoridad. No hay rincón del cielo en donde su voluntad no sea hecha. En todo sentido, Dios es el incomparable e inigualable Rey de los cielos.

Lo mismo es cierto en el plano natural, donde Dios extendió su autoridad de dominio a través del hombre y la mujer que Él creó a su imagen y semejanza y los soltó para que ejerzan dominio en su nombre. No obstante, ellos se rebelaron contra la autoridad del Rey y perdieron su gobierno. El control de la dimensión terrenal pasó *temporalmente* a manos de un usurpador diabólico hasta el día en que, en el plan soberano del Rey, este sea restaurado a su gobernante legítimo.

En la plenitud de los tiempos, Jesús vino a la Tierra y reestableció el Reino. Porque solamente un rey puede establecerlo, este acto solamente revela que Jesucristo es el Rey. La Biblia, la Constitución del Reino de los cielos, no deja sombra de dudas en cuanto al liderazgo de Jesús. Tal vez la declaración más abierta de todas es la que se encuentran en el capítulo 18 del evangelio de Juan, en donde Jesús, a pocas horas de su ejecución y crucifixión, tiene un diálogo revelador con Poncio Pilato, el gobernador romano de la provincia de Judea. Arrestado falsamente, juzgado ilegalmente y condenado erróneamente por "blasfemia" por parte de los líderes religiosos judíos en Jerusalén, Jesús ahora está de pie ante Pilato aguardando su juicio. Pilato ha oído la acusación de que Jesús se declaraba rey. De modo que el gobernador le pregunta sin rodeos:

—*¿Eres tú el rey de los judíos?* —*le preguntó.*
Mi reino no es de este mundo —*contestó Jesús. Si lo fuera, mis propios guardias pelearían para impedir que los judíos me arrestaran. Pero mi reino no es de este mundo.*
¡Así que eres rey! —*le dijo Pilato.*
—*Eres tú quien dice que soy rey. Yo para esto nací, y para esto vine al mundo: para dar testimonio de la verdad. Todo el que está de parte de la verdad escucha mi voz.*
—*¿Y qué es la verdad?* —*preguntó Pilato* (Juan 18:33b, 36-38a).

Jesús dijo: *Mi reino no es de este mundo* o *mi reino es de otro lugar*, claramente dando a entender que Él era Rey. Hablaba del Reino de los cielos. Observe que Jesús dice que su Reino no era de este mundo; nunca dijo que no estaba en este mundo. Su Reino sobre la Tierra se originó en el cielo.

Cuando Pilato presionó aun más, Jesús dijo directamente: *Yo soy un rey*. Entonces agregó: *Yo para esto nací, y para esto vine al mundo: para dar testimonio de la verdad*. ¿Qué verdad? Que Él era un Rey y tenía un Reino. ¿Qué puede ser más explícito que eso? *Testificar* es una palabra frecuentemente usada para describir lo que un testigo hace en una corte: atestiguar o confesar lo que ha visto u oído. La palabra original en griego empleada aquí tiene un significado aún más profundo. Es una palabra de experimentación de laboratorio y significa *verificar* o *validar*. Básicamente Jesús le dijo a Pilato: "Yo vine a la Tierra porque soy Rey, y lo demostraré poniéndolo a prueba. Testifico la verdad de que aquí hay un Rey, hay un Reino, y este Reino está disponible para todos los que quieran entrar".

Lo último que Jesús le dijo a Pilato fue: *Todo el que está de parte de la verdad escucha mi voz*. Una respuesta más completa sería "no solo *oye* sino que me *escucha*". Este es un punto muy importante, ya que tiene que ver con "conectarse" con el mensaje de Jesús. A todas partes donde voy enseñando el mensaje del Reino, hallo que repercute en gente de todas las religiones y trasfondos en la vida. Dios nos creó para el reinado, para dominio, y dentro de cada uno de nosotros hay una latente conciencia de reino luchando por expresarse. Se revela de varias maneras, como en nuestra resistencia natural a ser regidos o controlados por otra persona y en nuestro continuo deseo de controlar las circunstancias de nuestras vidas. Eso es lo que finalmente me conectó a Jesús: cuando me di cuenta de que Él podía enseñarme a manejar mi vida y no que ella me manejara a mí. Aprendí que podía controlar mis circunstancias.

La búsqueda de poder es una fuente motriz natural en el ser humano. Todos deseamos tener poder sobre las cosas y sobre las circunstancias, y eso es lo que el Reino de los cielos promete. Jesús dijo: "Yo testificaré la verdad del Reino, y cuando ustedes me escuchen, lo creerán. Se conectarán con lo que tengo para decirles, porque resonará en la conciencia de reino que ustedes ya tienen dentro". Porque el mensaje del Reino se dirige a los anhelos más profundos de nuestro corazón: nuestro deseo de ser reyes.

Mientras que es natural desear poder sobre las cosas y las circunstancias, desear tener *poder* sobre la gente es otro asunto. Buscar *influenciar* a la gente, la opinión pública y la política pública a través de los principios de reino siempre es apropiado, pero perseguir el poder despótico *sobre* otros para obtener una ganancia personal a expensas de ellos, es una corrupción de nuestra búsqueda natural de poder. Desear tener control sobre nuestra vida es una cosa; pero desear controlar las vidas de otros, es otra.

El rey es central para su reino

Si fuimos creados para reinar, y si Jesús vino a la Tierra para restaurar el reinado que perdimos, y si queremos ser preparados para reasumir el lugar que nos corresponde como reyes, entonces es fundamental que aprendamos lo que significa ser un rey y cómo este se relaciona con su reino. Es importante porque nos enseña tanto a pensar, hablar y actuar cual reyes, como a relacionarnos adecuadamente con Dios, nuestro Rey Supremo. Un verdadero rey no es un dictador.

Lo primero que debemos entender es que *el rey es el componente central de su reino*. Un rey encarna la esencia de su reino; el reino es el rey. Sin el rey no hay reino. La tierra y el pueblo todavía pueden estar allí, pero a menos que sean gobernadas por un rey, no están en un reino. Esta es una distinción primordial entre un reino y un estado democrático. En una democracia, el líder del país, ya sea que se le llame presidente o primer ministro o como fuere, *no es* el centro del gobierno. La Constitución lo es. Los presidentes y primeros ministros cambian después de unos pocos años, pero la Constitución le provee continuidad a la ley y al gobierno. En un reino, el rey es la Constitución. Su palabra es la ley. Su palabra es el gobierno.

En segundo lugar, *un rey es la única y definitiva fuente de autoridad en su reino.* En el Reino de los cielos, la autoridad de Dios el Rey es exclusiva y absoluta. Su palabra es ley y su voluntad será llevada a cabo hasta los confines más lejanos de su dominio. Y el dominio de Dios es infinito.

La sola y absoluta autoridad del Rey es lo que distingue su Reino de los cielos de una religión. Los religiosos prestan servicio de palabra al reinado de Dios, pero luego se dan vuelta y discuten, cuestionan e incluso enmiendan sus leyes. Por ejemplo: el Rey dice que el comportamiento homosexual es una abominación (vea Levítico 18:22), pero en una reunión de obispos que supuestamente honran la ley del Rey, ¡designan como arzobispo a un sacerdote que es abierta y activamente homosexual! En el Reino, la palabra del Rey *es ley.* No es un debate abierto, una discusión, un desafío o una enmienda.

Aunque esto puede parecerle represivo o incluso despótico a alguien que fue criado en el entorno de una democracia, en muchas maneras realmente alivia mucha de la presión. Si usted está debajo de un Rey y alguien le pregunta:

—¿Qué piensas acerca de esto y esto? —Puede deferir a la autoridad del Rey y responder:

—Lo que yo pienso no importa. Estoy comprometido a seguir a mi Rey, y mi Rey dice esto... o estoy de acuerdo con mi Rey, y esto es lo que Él dice....

En una democracia, los líderes políticos hacen campañas, negociados, comprometen los principios y arman comités consultivos, en un esfuerzo por lograr consenso a fin de establecer la ley y la política a seguir. En un reino, el rey habla ¡y listo! No hay debate ni cuestionamiento. La autoridad del Rey es como el eslogan que comenzó a circular hace unos años: "Dios lo dijo, lo creo, y eso lo establece". Aún mejor es la variante: "Dios lo dijo y eso lo establece, ya sea que yo lo crea o no".

Jesús demostró esta autoridad real cuando dijo en numerosas ocasiones: *Han oído... , pero yo les digo...* (Vea Mateo 5:21-22, 27-28, 33-34, 38-39, 43-44, énfasis añadido). El registro bíblico de esta ocasión dice:

Cuando Jesús terminó de decir estas cosas, las multitudes se asombraban de su enseñanza, porque les enseñaba como quien tenía autoridad, y no como los maestros de la ley (Mateo 7:28-29, énfasis añadido).

Jesús habló y enseñó en su propia autoridad. No se apoyaba en pensamientos, ideas, interpretaciones o tradiciones de otros. ¿Por qué? Porque era un Rey cuya autoridad era independiente y soberana.

Eso nos lleva a una tercera consideración que debemos entender sobre un rey: La soberanía de un rey es inherente a su autoridad real. El pueblo no hace al rey soberano; Él nació siendo soberano. Jesús le dijo a Pilato que Él nació como un Rey; no recibió su reinado, o su soberanía, de manos de hombre. Soberanía quiere decir libertad del control externo. Como soberano, un rey es libre de hacer lo que le plazca sin rendirle cuentas a nadie más en el reino. De lo contrario, un rey no tendría verdadera autoridad. Nadie tiene la autoridad de decirle a Dios lo que debe hacer. Su soberanía es absoluta. Él es completamente autodeterminado.

Catorce características de un rey

Un rey es diferente de un líder elegido democráticamente –un presidente o un primer ministro– o de un dictador en un estado totalitario. A continuación hay catorce características de un rey que clarifican esa distinción.

1. **Un rey nunca es votado para acceder al poder.** Su poder es inherente de nacimiento. Los líderes democráticos son *elegidos* para acceder al poder; los dictadores totalitaristas toman el poder, pero un rey *nace* en el poder.

2. **Un rey es rey por derecho de nacimiento.** Su reinado no es otorgado por los hombres. Los líderes electos gobiernan por la voluntad del pueblo. Los dictadores gobiernan a través del temor, la represión y la coerción. Un rey gobierna porque nació para ello. Jesucristo nació como Rey. Nosotros no lo hacemos Rey a Él; todo lo que podemos hacer es reconocer que *es* Rey.

3. **Un rey no puede ser destituido por votación popular.** Porque su reinado es por nacimiento, un rey gobierna de por vida. Un presidente puede ser destituido de su función o se va porque termina su periodo de gobierno. Un dictador puede ser derrocado por un golpe de estado o por un levantamiento popular. El reinado, sin embargo, es un oficio de por vida. Un rey humano puede ser destronado por fuerza o mediante una revolución, pero nunca por votación. El Rey de los cielos reina por derecho soberano de creación. Nunca será destronado ni derrocado de su poder por votación. Lucifer lo intentó y fracasó. Los imperios humanos han tratado y han fallado, y luego ellos mismos han caído, como es el destino de todos los regímenes que desafían su soberanía. Él era Rey antes que el mundo comenzara, y seguirá siéndolo después de que haya terminado. De hecho, Las Escrituras hacen esta firme declaración:

El reino del mundo ha pasado a ser de nuestro Señor y de su Cristo, y él reinará por los siglos de los siglos (Apocalipsis 11:15b).

Ningún acto de hombre sobre la Tierra o de poder espiritual de oscuridad sobre el universo, jamás podrá remover al Rey de los cielos de su trono.

4. **La autoridad de un rey es absoluta.** Por esa razón no es un presidente o primer ministro. Los presidentes deben consultar al congreso, y los primeros ministros al parlamento. Si el primer ministro de Las Bahamas toma una decisión, el senado puede discutirla, el parlamento puede atacarla, los medios de comunicación pueden mutilarla, y hacerlo cambiar de opinión. Los dictadores, por otra parte, mientras que tal vez ejercen el poder absoluto (por un tiempo), no poseen autoridad legítima. Por eso ellos deben usar la fuerza y represión para permanecer en el poder. Pero cuando un rey habla, lo hace con la absoluta autoridad inherente a su reinado.

5. **La palabra de un rey es ley.** Porque su autoridad es absoluta, su palabra es ley. Nadie puede dar una contraorden, negar sus pronunciamientos, desplazar sus decretos o enmendar sus estatutos. David, un rey israelita que amaba al Rey de los cielos con todo su corazón, decía esto acerca de la ley del Rey:

La ley del Señor es perfecta: infunde nuevo aliento. El mandato del Señor es digno de confianza: da sabiduría al sencillo. Los preceptos del Señor son rectos: traen alegría al corazón. El mandamiento del Señor es claro: da luz a los ojos. El temor del Señor es puro: permanece para siempre. Las sentencias del Señor son verdaderas: todas ellas son justas. Por ellas queda advertido tu siervo; quien las obedece recibe una gran recompensa (Salmo 19:7-9, 11).

La palabra del Rey es ley. Grandes recompensas suceden a la obediencia. La desobediencia conlleva severas penalidades.

6. **Un rey personalmente posee todo lo que está en su dominio.** Los presidentes y otros líderes electos no poseen sus países; ellos mismos son ciudadanos como todos los demás. Los dictadores a menudo actúan como si lo poseyeran todo, pero lo que sea que posean lo han adquirido por fraude, robo y corrupción. Un rey, por otra parte, personalmente posee todo lo que está en su dominio. De hecho, un reino es la única forma de gobierno en donde el gobernante posee todo y a todos. En palabras del Rey David, una vez más: *Del Señor es la tierra y todo cuanto hay en ella, el mundo y cuantos lo habitan* (Salmo 24:1).

El Rey de los cielos declara:

Pues míos son los animales del bosque, y mío también el ganado de los cerros (Salmo 50:10).

Un rey posee al pueblo, los animales, las plantas, el territorio, y el aire que está alrededor de la tierra. Posee el valor que se halla debajo del suelo: oro, plata, platino, diamantes, etc. Posee el suelo y las semillas que están en el suelo, todo lo que está en su territorio. Por eso se le llama señor. Hablaremos de este concepto más detalladamente en el próximo capítulo.

7. **El decreto de un rey es inamovible.** En un sistema democrático, las leyes pueden ser enmendadas, revisadas o hasta revocadas. Los dictadores cambian y a veces revierten sus propios decretos según les convenga. Ellos faltan a su palabra todo el tiempo. Pero una palabra del rey es ley. Una vez que un rey emite un decreto, no puede ser cambiado.

Daniel, un judío temeroso de Dios que se hallaba en el exilio, era un alto oficial de la corte de Darío, el rey Medo-Persa. Cuando los enemigos de Daniel se complotaron para destruirlo, persuadieron al rey Darío de emitir un decreto en el cual por treinta días no podían elevarse peticiones u oraciones a ningún otro rey que no fuera él. Los violadores serían arrojados a un foso de leones. Este decreto era una *ley de los medos y los persas,* [que] *no podrá ser revocado* (Daniel 6:8).

Habiendo sorprendido a Daniel en el acto de orar a Dios, una violación al decreto real (como ellos sabían que sucedería), los enemigos de Daniel lo llevaron delante del rey. Darío estaba atrapado "entre la espada y la pared". ¡Él no podía revocar siquiera su propio decreto! El rey pasó una noche insomne y tormentosa, mientras que su amado siervo Daniel transpiraba en el foso de los leones. El señor libró a Daniel y lo sacó sano y salvo, y todos sus enemigos acabaron junto con los leones.

El punto que quiero ilustrar aquí es que el decreto de un rey, una vez emitido, no puede ser deshecho. Los decretos del Rey de los cielos son igual de permanentes:

La hierba se seca y la flor se marchita, pero la palabra de nuestro Dios permanece para siempre (Isaías 40:8).

Jesús el Rey declaró:

El cielo y la tierra pasarán, pero mis palabras jamás pasarán (Mateo 24:35).

8. **Un rey elige quién será ciudadano.** En una democracia, los ciudadanos escogen a su líder, mientras que un sistema totalitario trata a sus ciudadanos como poco más que herramientas del estado. Un reino opera en una forma distinta: el rey escoge a sus ciudadanos. Porque su autoridad es absoluta, determina las normas de ciudadanía en su reino. La gente no vota al rey, pero en esencia, él los vota a ellos.

   Jesús demostró su prerrogativa real cuando les dijo a sus seguidores más cercanos:

No me escogieron ustedes a mí, sino que yo los escogí a ustedes y los comisioné para que vayan y den fruto, un fruto que perdure. Así el Padre les dará todo lo que le pidan en mi nombre. Este es mi mandamiento: que se amen los unos a los otros. Si el mundo los aborrece, tengan presente que antes que a ustedes, me aborreció a mí. Si fueran del mundo, el mundo los querría como a los suyos. Pero ustedes no son del mundo, sino que yo los he escogido de entre el mundo. Por eso el mundo los aborrece (Juan 15:16-19).

   Jesús los escogió cuando eran ciudadanos del mundo y los hizo ciudadanos de su Reino con todos los beneficios de su ciudadanía. Ellos ya no pertenecían al reino de este mundo. Ahora, al igual que Jesús, su Reino era de otro lugar. Jesús hace lo mismo hoy por cada uno de los que creen en Él y aceptan su mensaje del Reino.

9. **Un rey personifica el gobierno de su reino.** Esto significa que dondequiera que el rey esté, todo su gobierno está presente. Cada vez que el rey habla, todo su gobierno habla. Cuando se mueve, el gobierno se mueve con él porque encarna al gobierno; el rey es el gobierno.

Cuando el Presidente viaja al exterior, la *autoridad* del gobierno de los Estados Unidos viaja con él, porque él representa al gobierno y al pueblo. El gobierno en sí, sin embargo, no viaja con él. Permanece en su lugar y funciona en Washington. El gobierno de un rey, por el contrario, está dondequiera que el rey esté. Un rey y su gobierno son inseparables. De este modo, podemos saber que el Reino de los cielos está en la Tierra, porque el Rey está aquí. Jesús dijo:

Además les digo que si dos de ustedes en la tierra se ponen de acuerdo sobre cualquier cosa que pidan, les será concedida por mi Padre que está en el cielo. Porque donde dos o tres se reúnen en mi nombre, allí estoy yo en medio de ellos (Mateo 18:19-20).

Y también:

Jesús se acercó entonces a ellos y les dijo: 'Se me ha dado toda autoridad en el cielo y en la tierra. Por tanto, vayan y hagan discípulos de todas las naciones, bautizándolos en el nombre del Padre y del Hijo y del Espíritu Santo, enseñándoles a obedecer todo lo que les he mandado a ustedes. Y les aseguro que estaré con ustedes siempre, hasta el fin del mundo' (Mateo 28:18-20).

El Reino de los cielos está aquí porque el Rey de los cielos está aquí en los corazones y las vidas de sus ciudadanos que pueblan su colonia en este lugar.

10. **La presencia de un rey es la presencia de su autoridad.** Cuando un rey aparece, su plena autoridad está presente. Su autoridad no reside en un lugar o un documento: reside en él personalmente. Por ese motivo los ciudadanos de la colonia del Reino de Dios en la Tierra pueden actuar con autoridad real. Porque el Rey está presente y su autoridad también. Era su autoridad presente la que Jesús tenía en mente cuando dijo:

Les aseguro que todo lo que ustedes aten en la tierra quedará atado en el cielo, y todo lo que desaten en la tierra quedará desatado en el cielo (Mateo 18:18).

Cualquier cosa que ustedes pidan en mi nombre, yo la haré; así será glorificado el Padre en el Hijo. Lo que pidan en mi nombre, yo lo haré (Juan 14:13-14).

Los ciudadanos del Reino siempre pueden ejercer autoridad real porque el Rey está siempre presente con ellos.

11. **La riqueza de un rey se mide por su prosperidad.** Cuanto más grande y rico sea un reino en recursos, más rico será el rey, ya que él posee todo lo que hay en su reino. Los dictadores se enriquecen robándole al pueblo. Los líderes elegidos democráticamente pueden o no tener fortuna personal, pero definitivamente no poseen su propia nación. Esa es una de las mayores diferencias entre un rey y otro líder gubernamental. Los reyes poseen todo lo que está en su dominio por derecho de nacimiento y realeza. Por cierto, la propiedad está tan ligada a la identidad del rey que sin ella un rey no sería rey. Esto lo discutiremos más profundamente en el capítulo seis.

¿Por qué es tan importante la riqueza en un reino? Para que el rey pueda cuidar de los ciudadanos. Un rey justo y benevolente no acumula riquezas para sí, sino para el bienestar de sus ciudadanos. Por ese motivo solamente en un reino encontramos verdaderamente una *mancomunidad*; es decir, la riqueza es común a todo el pueblo.

Ningún reino es mayor o más rico que el Reino de los cielos porque comprende todo lo que existe. Y ningún rey es más rico que el Rey de los cielos, porque posee todo en todas partes, tanto en la dimensión natural como sobrenatural. Como consecuencia, ningún ciudadano de ningún gobierno es más próspero o tiene mayor riqueza que los ciudadanos del Reino de los cielos, debido a que la riqueza infinita de ese reino es su riqueza común.

12. **La prosperidad de un rey se mide por el estatus de sus ciudadanos.** Si los ciudadanos son pobres, el rey es visto como un rey pobre. Si los ciudadanos son prósperos, sin embargo, el rey es visto como un rey rico. Los ciudadanos ricos hacen que un rey se sienta orgulloso. Por eso es importante que el rey se asegure de que su pueblo prospere. Jesús nunca predicó sobre prosperidad. ¿Por qué no lo hizo? Porque la prosperidad es un asunto de los negocios del Reino. Todo aquel que se hace ciudadano del Reino de los cielos automáticamente prospera porque el Rey de los cielos es un Rey rico, ¡el Rey más rico de todo el mundo! Y Él también es un Rey justo y benevolente que está comprometido a lograr la mayor riqueza a favor de su pueblo.

13. **El nombre de un rey es la esencia de su autoridad.** Un rey puede delegar autoridad a cualquiera que desee, para que actúe en su nombre o de parte de él. Esto se hace a menudo emitiendo una carta real, un edicto real firmado por el rey que ostenta su carta real sello oficial y autoriza al portador de la misma a actuar con su autoridad. Cualquiera a quien la carta del rey le sea presentada debe tratar al portador como si fuera el rey mismo. Nehemías, otro exiliado judío contemporáneo de Daniel, era copero del rey de Persia, Artajerjes. Oyendo que Jerusalén había sido destruida, Nehemías se propuso ir allí a reconstruir la ciudad. Cuando el rey se enteró del deseo de Nehemías, le concedió permiso para ir. También le escribió cartas instruyendo al guardia del bosque real para que le diera a Nehemías todos los materiales que solicitara y a los gobernadores de varias provincias para que le garantizaran un paso seguro. Nehemías llevaba el nombre del rey y, por ende, su autoridad (vea Nehemías capítulos 1 y 2).
Los ciudadanos del Reino de los cielos tienen el mismo privilegio. Jesús, el Rey, ha emitido cartas reales para todo su pueblo, delegándoles su autoridad. Por esa razón el Nuevo Testamento dice que los ciudadanos del Reino deben orar en el nombre de

Jesús. Y por eso mismo prometió conceder todo lo que pidieran en su nombre. No hay nada religioso o misterioso acerca de esto. Es simplemente un principio de reino puesto en acción. El nombre del Rey lleva la misma autoridad que el Rey mismo, y todo aquel que lleva su nombre puede operar en su autoridad.

14. **La ciudadanía de un rey representa su gloria.** Todo rey serio desea que sus ciudadanos sean felices, prósperos y tengan contentamiento, porque su estatus y calidad de vida lo reflejan a él. Cuanto mayor sea su prosperidad y bienestar, mayor será la gloria y honor que repose sobre el rey que provee para ellos tan bien. Los ciudadanos del Reino de Dios se supone que deben mostrar cómo es su Rey por la manera en que ellos viven, actúan, se visten, andan y hablan. Los ciudadanos del Reino deben reflejar la naturaleza y el carácter de su Rey, que es justo, recto, benevolente, compasivo y lleno de gloria. Por esa causa no hay pobreza en el Reino de los cielos, ni crisis económica, ni escasez. Como el rey David observó:

... el Señor sostendrá a los justos He sido joven y ahora soy viejo, pero nunca he visto justos en la miseria, ni que sus hijos mendiguen pan (Salmo 37:17b, 25).

El Rey de los cielos cuida de sus ciudadanos.
Apropiarse de las riquezas del Reino significa primeramente entender que el Rey lo posee *todo* y que nosotros no tenemos nada; segundo, que Él puede darle lo que quiera al que Él quiera y donde Él quiera. Este es el concepto de reino sobre el *señorío* y es el tema del próximo capítulo.

Principios

1. Un reino es el reinado soberano y la influencia de gobierno de un rey sobre su territorio, impactándolo con su voluntad, planes y propósitos.
2. En la plenitud de los tiempos, Jesús vino a la Tierra y restableció el Reino, porque solamente un rey puede establecer un reino, este acto revela que Jesucristo es el Rey.
3. Jesús dijo que su Reino no era de este mundo, pero nunca dijo que no *estaba* en este mundo.
4. Dentro de cada uno de nosotros hay una conciencia de reino latente, que lucha por expresarse.
5. Todos buscamos poder sobre las cosas y las circunstancias, y eso promete el Reino de los cielos.
6. Un rey es el componente central de su reino.
7. Un rey es la única y decisiva fuente de autoridad en su reino.
8. La soberanía de un rey es inherente a su autoridad real.
9. La soberanía de Dios es absoluta, Él es completamente autodeterminado.

Capítulo cinco

Concepto n.º 2 de Reino:
Acerca del señor

Una de las palabras más comúnmente usadas en Las Escrituras es la palabra *señor*. Ese término no existe en democracias, sociedades socialistas o repúblicas, excepto en la palabra *landlord* [en inglés, terrateniente o más literalmente, *señor de la tierra*], en referencia a uno que posee tierras. El *landlord* es el único remanente en común que tienen los reinos en los gobiernos modernos y en las sociedades occidentales. Aun así este concepto de señor es uno de los principios fundamentales de un reino.

Todo reino debe tener un rey, pero también es cierto que todo rey es automáticamente un señor. Es esta cualidad de señorío que distingue a un rey de un presidente, primer ministro, alcalde o gobernador. En efecto, el señorío de un rey lo hace diferente a toda otra clase de liderazgo humano. El señorío hace singular al rey.

En el capítulo anterior hablamos sobre la soberanía del rey y cómo un rey es libre del control exterior para hacer lo que le plazca sin tener que rendirle cuentas a nadie excepto a sí mismo. La soberanía del rey es absoluta. Él no es votado para entrar ni tampoco para salir del poder; la soberanía es por derecho de nacimiento. Lo mismo es cierto con respecto al señorío del rey. Todos los reyes son automáticamente señores.

Pues bien, ¿cuál es la diferencia entre el rey y el señor? El señorío es solo un aspecto de la identidad y el estatus general de un rey, pero es uno de los más importantes. Otra forma de decirlo es que su aspecto de *rey* se relaciona con la *autoridad de dominio*, mientras que el de *señor* se refiere a la *esfera de dominio*. La autoridad de dominio se refiere a la potestad o jurisdicción, su poder; la esfera de dominio abarca el territorio, la propiedad, el área geográfica sobre la cual su autoridad se extiende. Un rey ejerce autoridad –de dominio– sobre un área geográfica específica –esfera de dominio– y dentro de esa área su autoridad es absoluta.

Sin una esfera de dominio no hay rey. Un rey es rey solo mientras que tenga algo sobre lo cual reinar. ¿Qué tendría de bueno tener autoridad si no tenemos un lugar sobre el cual ejercerla? En ese caso, en realidad *no tenemos* tal autoridad. Lo más que podemos llegar a tener es una autoridad potencial. Hasta que no tengamos un dominio físico sobre el cual gobernar, nuestra llamada *autoridad* es meramente una teoría.

Si la palabra *señor* se relaciona con la esfera de dominio de un rey, entonces el señorío está ligado a su territorio. Para decirlo de otro modo, si el reinado tiene que ver con autoridad, entonces el señorío tiene que ver con *propiedad*. Permítame explicarle. Si un rey debe tener una esfera de dominio para poder serlo, entonces *todos los verdaderos reyes tienen que tener y **poseer** un territorio*. Esto es lo que llamamos principio de señorío del reino. Uno no puede ser un rey a menos que posea propiedades. No es lo mismo simplemente ejercer gobierno y autoridad sobre una región geográfica. Los presidentes hacen eso. Los primeros ministros también. Los gobernantes lo hacen. Pero los presidentes, primeros ministros y gobernantes no *poseen* el territorio sobre el cual gobiernan, y allí radica la diferencia. Los reyes poseen personalmente el dominio físico sobre el cual reinan, y eso es lo que los hace, no solo reyes sino también señores. De modo que rey y propiedad van juntos. Y la palabra *señor* define la identidad del rey como *propietario* de su dominio.

Como señor, un rey literalmente posee todo lo que está dentro de su dominio: los bosques y praderas, la montañas y los valles, los ríos y corrientes, las cosechas y el ganado, incluso la gente y las casas en las que ellos habitan. Todo en el dominio de un rey le pertenece. Por esto, un rey tiene absoluto e incuestionable control sobre todo su dominio. Esto nos remonta a la autoridad soberana del rey. Un rey es soberano por derecho de nacimiento, pero también es soberano por derecho de propiedad.

El solo hecho de propiedad de su dominio conlleva un par de implicancias que no son fácilmente captadas por parte de aquellas personas que han sido criadas en una democracia. Primero y bastante obvio, está el hecho de que si el rey lo posee todo, entonces nadie en el reino tiene nada. *En un verdadero reino, no hay tal cosa como la propiedad privada. Los ciudadanos del reino son administradores, no dueños.* Ellos pueden ocupar las tierras, labrarlas, extraer sus minerales, metales y piedras preciosas, construir casas y lugares comerciales, y llevar a cabo todas las actividades normales a las comunidades humanas; pero ellos hacen todo esto solo con el permiso y beneplácito del rey. En el último de los casos, todo le pertenece a él.

Segundo, si el rey posee todo, puede darle algo a alguien en cualquier momento, según su elección soberana. En una democracia, si el primer ministro o el presidente le brindan a usted un favor personal, eso se llama corrupción. Pero si un rey le da propiedades, se llama favor real. Y nadie puede cuestionarlo o protestar porque como dueño, es su prerrogativa distribuir la propiedad en cualquier momento o lugar y a cualquier persona, tanto como desee, pero también puede traspasar la propiedad de una persona a otra. Puede tomar algo de alguien y dárselo a usted, o tomar algo de usted y dárselo a otro.

Porque el dominio de un rey está tan íntimamente ligado a su territorio, su riqueza se mide por el tamaño y la riqueza que hay en su dominio. Esa es la razón por la cual los reyes siempre quieren expandir su reino; ellos buscan incrementar sus riquezas. Piense en los reinos británico, francés y español en los últimos cientos de años. Los reyes de esos reinos enviaban expediciones navales y establecían colonias en todo el mundo. ¿La razón? Porque querían expandir los límites y llenar los cofres de sus reinos. Cuanto más extenso y más rico fuera su dominio, mayor sería su reputación y gloria.

Rey y señor

Aunque hablo acerca de señorío desde el contexto de los reinos terrenales, todo se aplica incluso con mayor validez al Reino de los cielos y a su Rey. Ya hemos visto que Dios es el Rey de los cielos y la Tierra por derecho divino de creación; Él es el Rey de todo porque Él lo creó todo. Y como cada rey es automáticamente un señor, el Rey de todo es también el Señor de todo, Él posee todas las cosas porque las hizo a todas.

La Biblia, la Constitución del Reino de los cielos, identifica abiertamente a Dios como Rey y señor de todo. Una de las palabras hebreas más comunes usadas para referirse a Dios en el Antiguo Testamento es la palabra *Adonai*, que literalmente significa propietario o dueño. Generalmente se traduce como señor. El nombre personal de Dios, *Yahvé*, aunque es difícil de traducir con completa exactitud, transmite la misma idea de dueño, propietario o *señor*.

Esta imagen bíblica de Dios como Señor es reforzada porque, en la mayoría de las versiones bíblicas, el nombre personal *Yahvé*, cada vez que aparece es reemplazado por la palabra *Señor*. Esto guarda una antigua tradición judía en la que los devotos judíos respetaban y honraban tanto el nombre de Dios que ninguno violaba inadvertidamente el tercer mandamiento usando su nombre en vano. En cambio, lo sustituían por la palabra *Adonai*, o *Señor*.

Así que una y otra vez se repite la verdad: Dios es el Señor... Dios es el Señor... Dios es el Señor. Esta verdad es reiterada hasta en la más básica confesión de fe de un judío y recitada cada mañana.

Escucha, Israel: El Señor nuestro Dios es el único Señor. Ama al Señor tu Dios con todo tu corazón y con toda tu alma y con todas tus fuerzas (Deuteronomio 6:4-5).

Entonces de este modo ellos recordaban cada día que su Dios era el Dueño de todo. Esto incluía el cielo y la Tierra. Un poeta hebreo antiguo lo expresó de esta manera:

Que reciban bendiciones del Señor, creador del cielo y de la tierra. Los cielos le pertenecen al Señor, pero a la humanidad le ha dado la Tierra (Salmo 115:15-16, énfasis añadido).

Como Hacedor y Dueño de los cielos y la Tierra, Dios podría regalarle cualquier porción de ella a cualquiera que Él escogiera. Y escogió darle la Tierra al hombre, no para que este fuera el dueño sino el gobernante/administrador o mayordomo de ella. Aquí hay algunas referencias adicionales que comprueban los derechos de Señorío de Dios sobre la propiedad de la Tierra:

Del Señor es la tierra y todo cuanto hay en ella, el mundo y cuantos lo habitan; porque él la afirmó sobre los mares, la estableció sobre los ríos (Salmo 24:1-2).

Dios es el rey de toda la tierra; por eso, cántenle un salmo solemne. Dios reina sobre las naciones; Dios está sentado en su santo trono. Los nobles de los pueblos se reúnen con el pueblo del Dios de Abraham (Salmo 47:7-9).

Cuando yo despliegue mi poder contra Egipto y saque de allí a los israelitas, sabrán los egipcios que yo soy el Señor (Éxodo 7:5).

Oh Señor, soberano nuestro, ¡qué imponente es tu nombre en toda la tierra! (Salmo 8:1a).

Yo le he dicho al Señor: 'Mi Señor eres tú. Fuera de ti, no poseo bien alguno' (Salmo 16:2).

Alabarán al Señor quienes lo buscan; ¡que su corazón viva para siempre! Se acordarán del Señor y se volverán a él todos los confines de la tierra; ante él se postrarán todas las familias de las naciones, porque del Señor es el reino; él gobierna sobre las naciones (Salmo 22:26-28).

El Señor es mi pastor, nada me falta (Salmo 23:1).

Eleven, puertas, sus dinteles; levántense, puertas antiguas, que va a entrar el Rey de la gloria. ¿Quién es este Rey de la gloria? El Señor, el fuerte y valiente, el Señor, el valiente guerrero. Eleven, puertas, sus dinteles; levántense, puertas antiguas, que va a entrar el Rey de la gloria. ¿Quién es este Rey de la gloria? Es el Señor Todopoderoso; ¡él es el Rey de la gloria! (Salmo 24:7-10).

Mía es la plata, y mío es el oro afirma el Señor Todopoderoso (Hageo 2:8).

Del mismo modo que el Antiguo Testamento revela a Dios como Rey, Señor y Dueño de todo, el Nuevo Testamento revela a Jesucristo como el Señor y Dueño de todo. Ante todo, como ya hemos visto, Jesús vino anunciando la llegada y el restablecimiento del Reino de los cielos sobre la Tierra, algo que solo el mismo Rey podía haber hecho. Y porque un rey es automáticamente un señor, eso significa que Jesús es Señor también.

Además, la palabra griega más comúnmente usada para "señor", *kurios,* es aplicada a Jesús en repetidas ocasiones en el Nuevo Testamento. *Kurios* significa tener poder. También describe a alguien que posee la autoridad definitiva; el dueño. Todo lo que el Antiguo Testamento dice acerca de Dios como Señor, el Nuevo Testamento lo dice acerca de Jesús.

El señorío de Jesús también es por derecho creativo y fue un resultado natural de su rol en la creación de todas las cosas, tanto visibles como invisibles. En esencia, nosotros no "hacemos" a Jesús Señor; es Señor por derecho creativo, sea que lo reconozcamos o no como tal. En su preexistencia antes de venir a la Tierra, Jesús era identificado como La Palabra. Fue en esta dimensión que Él era la fuente de la creación. Leamos el registro de su actividad creativa que le otorga los derechos de creación:

Dios, en el principio, creó los cielos y la Tierra (Génesis 1:1).

Y dijo Dios: '¡Que exista la luz!' Y la luz llegó a existir (Génesis 1:3).

En el principio ya existía el Verbo, y el Verbo estaba con Dios, y el Verbo era Dios. Él estaba con Dios en el principio. Por medio de él todas las cosas fueron creadas; sin él, nada de lo creado llegó a existir (Juan 1:1-3).

Y el Verbo se hizo hombre y habitó entre nosotros. Y hemos contemplado su gloria, la gloria que corresponde al Hijo unigénito del Padre, lleno de gracia y de verdad (Juan 1:14).

En estos días finales nos ha hablado por medio de su Hijo. A este lo designó heredero de todo, y por medio de él hizo el universo. El Hijo es el resplandor de la gloria de Dios, la fiel imagen de lo que él es, y el que sostiene todas las cosas con su palabra poderosa (Hebreos 1:2-3a).

Aquí tenemos amplia evidencia de que Jesús como el Verbo eterno es responsable de la creación del universo y de sustentarlo.

Una historia popular acerca de Jesús nos ilustra mejor este punto. Tan solo una semana antes de su muerte, Jesús estaba preparándose para entrar a Jerusalén, pero planeaba hacerlo de una manera muy específica.

Cuando se acercaban a Jerusalén y llegaron a Betfagé y a Betania, junto al monte de los Olivos, Jesús envió a dos de sus discípulos con este encargo: 'Vayan a la aldea que tienen enfrente. Tan pronto como entren en ella, encontrarán atado un burrito, en el que nunca se ha montado nadie. Desátenlo y tráiganlo acá. Y si alguien les dice: '¿Por qué hacen eso?', díganle: 'El Señor lo necesita, y enseguida lo devolverá'. Fueron, encontraron un burrito afuera en la calle, atado a un portón, y lo desataron. Entonces algunos de los que estaban allí les preguntaron: '¿Qué hacen desatando el burrito?' Ellos contestaron como Jesús les había dicho, y les dejaron desatarlo (Marcos 11:1-6).

En esta historia, Jesús actuó con su autoridad de Señor. No hay indicios de que Él hubiera preacordado con el dueño del burro o que hubiera pedido permiso a alguien previamente. Como Señor de todo, Él poseía al burro de todos modos. Jesús les dijo a sus discípulos: "Tráiganme el burrito". Cuando ellos fueran confrontados, todo lo que tenían que decir era: "El Señor lo precisa". Eso fue todo; los dueños soltaron el burro.

En aquellos días, los animales tales como ese burro eran muy preciados como bestias de carga y de transporte. Eran como un automóvil para nosotros hoy en día. Así que desatar un burro no era un asunto menor. El equivalente del mundo moderno sería como si Jesús dijera: "Vayan hasta la esquina, en donde hallarán una *coupé* Mercedes Benz 0 km. Las llaves están puestas. Tráiganmela". Al final, una sola palabra del Dueño del burro fue todo lo que se necesitó. El administrador/mayordomo del burro lo dejó ir.

Otro pasaje del Nuevo Testamento también presenta a Jesús claramente como Señor de todo. Se encuentra en una carta escrita por Pablo, el embajador del Reino de los cielos a los gentiles, a los ciudadanos del Reino que residían en la ciudad de Filipos:

> *La actitud de ustedes debe ser como la de Cristo Jesús, quien, siendo por naturaleza Dios, no consideró el ser igual a Dios como algo a qué aferrarse. Por el contrario, se rebajó voluntariamente, tomando la naturaleza de siervo y haciéndose semejante a los seres humanos. Y al manifestarse como hombre, se humilló a sí mismo y se hizo obediente hasta la muerte, ¡y muerte de cruz! Por eso Dios lo exaltó hasta lo sumo y le otorgó el nombre que está sobre todo nombre, para que ante el nombre de Jesús se doble toda rodilla en el cielo y en la tierra y debajo de la tierra, y toda lengua confiese que Jesucristo es el Señor, para gloria de Dios Padre* (Filipenses 2:5-11).

¡Jesucristo es el Rey y Señor de todo!

Vivir bajo un señor

El aspecto del señorío hace que vivir en un reino sea mejor que en una república u otra forma de administración nacional o gobierno. El señorío en un reino protege a la ciudadanía de la competencia con sus conciudadanos por los recursos nacionales. Además destruye elementos como ser la envidia, el temor, el engaño y la acumulación de bienes. En un reino verdadero, el señor posee todos los recursos y los distribuye según determina. Cada vez que le otorga recursos a un ciudadano, nunca es para que los posea sino para que los administre.

La sumisión al rey como señor posiciona al ciudadano pa
de parte del rey.

Desde el punto de vista del reino, entonces, la confesión más importante que alguien podría hacer jamás es declarar: Jesucristo es Señor. El embajador Pablo lo declaró explícitamente en su carta a los creyentes en Roma cuando escribió:

... si confiesas con tu boca que Jesús es el Señor, y crees en tu corazón que Dios lo levantó de entre los muertos, serás salvo (Romanos 10:9).

Por salvo, Pablo entiende redimido, vuelto a comprar, rescatado, restaurado de la separación por nuestra rebelión contra Dios el Rey a una relación correcta con Él. La afirmación principal en este proceso es nuestro reconocimiento de que Jesús es el Señor de todo, aun nuestras vidas y destino.

Pero si decimos Jesús es Señor, ¿qué significa en términos prácticos vivir bajo un señor? la única experiencia que la mayoría de los occidentales tienen con un señor de alguna clase es con un terrateniente. Si vive o ha vivido en una propiedad rentada, sabe que el terrateniente o *landlord* es el propietario –o el representante directo del propietario que ejerce la autoridad delegada, lo cual a efectos prácticos es la misma cosa–, la persona a quien le paga la renta y debe rendirle cuentas por el modo en que trata su propiedad. ¿Por qué? Porque usted no es el dueño de la propiedad; el *landlord* lo es.

Tratar con el propietario nos brinda una pequeña muestra de lo que sería vivir toda su vida bajo un señor. Si dice: "Jesús es el Señor", reconoce su autoridad sobre usted así como también su responsabilidad de obedecerle. No hay tal cosa como un señorío sin obediencia. Si Él es Señor, usted no puede decir: "Señor..., pero", o "Señor..., excepto", o "Señor..., espera". Si Él es Señor, lo único que puede decir es "Señor... sí".

Si alguien quiere ser mi discípulo, que se niegue a sí mismo, lleve su cruz cada día y me siga (Lucas 9:23b).

El que quiere a su padre o a su madre más que a mí no es digno de mí; el que quiere a su hijo o a su hija más que a mí no es digno de mí; y el que no toma su cruz y me sigue no es digno de mí (Mateo 10:37-38).

Otro discípulo le pidió: 'Señor, primero déjame ir a enterrar a mi padre'. 'Sígueme', le replicó Jesús, 'y deja que los muertos entierren a sus muertos' (Mateo 8:21-22).

Si Jesús es Señor, debe tener la prioridad número uno en su vida. Está por encima de todo otro amor y toda otra lealtad. Está por encima de toda meta, sueño y ambición. Uno no puede ser un discípulo y decir: "Señor, primero déjame…" Él debe ser lo primero… en todo. De lo contrario, Él no es verdaderamente el señor de nuestras vidas, a pesar de lo que podamos decir. Jesús preguntó:

¿Por qué me llaman ustedes 'Señor, Señor', y no hacen lo que les digo? (Lucas 6:46).

Uno no puede llamarlo Señor y luego comenzar a poner excusas para obedecerle. No puede decir que Él es su dueño y entonces seguir adelante y hacer lo que a uno le plazca. En el Reino de los cielos, no hay tal cosa como un "ciudadano de fin de semana". Uno no puede seguirlo una vez y otra no dependiendo de sus preferencias. Si Jesús es Señor, no podemos vivir para Él el domingo y el resto de la semana andar por nuestra cuenta. O Jesús es el Señor de todo, o no es Señor para nada. El Señorío de Cristo es una propuesta de las veinticuatro horas los siete días de la semana. No hay otro programa.

Vivir bajo un Señor también significa abandonar todos los conceptos de posesión personal. Eso no significa que tiene que vender su casa o su auto o regalar todos sus bienes. Pero sí significa que debemos aprender a no tomar una visión posesiva de esas cosas. El Rey de los cielos es un Señor justo y benevolente que por gracia nos permite usar y apropiarnos plenamente de sus riquezas y recursos y de toda cosa buena. Ese es uno de nuestros derechos como ciudadanos del Reino. Podemos disfrutar de todas estas cosas sin medida siempre y cuando recordemos quién es el Dueño. Sin embargo, en el momento en que comencemos a pensar que ellas nos pertenecen, nos estaremos metiendo en problemas. Si creemos que la propiedad es nuestra, nos hacemos señores. Eso nos impide estar alineados con la voluntad y el carácter del Rey, porque en su Reino solo puede haber un Señor.

¿Qué sucede si creemos que somos dueños? En nuestra cultura despiadadamente competitiva, significa que sentimos que tenemos que pelear por lo que tenemos, acumular o esconder lo que hemos logrado y guardarlo ansiosos por temor a que alguien nos lo robe. Y nuestro prójimo hace lo mismo. Vivimos con temor a un revés económico, inflación, quiebra o por no tener lo suficiente. ¡Este no es el pensamiento del Reino!

En el Reino de los cielos, no hay crisis económicas y no hay escasez. Con un Rey que lo posee todo, ¿cómo podría haberla? Cuando renunciamos a nuestro sentido de pertenencia y reconocemos que Dios es el Dueño de todo y nosotros solo somos mayordomos, eso nos alivia de la presión de tener que preocuparnos por cómo vamos a hacerlo, ya que ahora dependemos de Él para nuestro bienestar. Y Él es un Señor generoso y benevolente de recursos infinitos.

Renunciar a las posesiones también nos posiciona para tener acceso pleno a todos esos recursos. Cuando aprendemos a dar, a recibir y transferir según su voluntad, Él nos da libre y abundantemente. Pero un sentido interior de acumular las posesiones personales que grita: "¡mío!", justamente nos aparta de esos mismos recursos. ¿En qué posición prefiere estar?

Soltar ese sentido de posesión también alimenta y libera un espíritu generoso dentro de nosotros. Si solo somos administradores y no dueños, podemos dar libremente como el señor nos ha dado a nosotros, sabiendo que Él, que es ilimitado, puede reponer todo lo que hayamos dado. Su reputación como Rey y Señor radica en lo bien que cuida de sus ciudadanos, y Él prestará especial atención y cuidado a aquellos ciudadanos que mejor reflejen su carácter dando de la manera como Él da.

De hecho, el mejor momento para dar es cuando las cosas se ponen difíciles en lo personal, ya que allí es cuando reconocemos que

Él tiene todo lo que a nosotros nos falta. La mayor señal de que creemos verdaderamente que Jesús es Señor es de cuánto estamos dispuestos a deshacernos. Uno ha aprendido a vivir bajo un Señor cuando puede dar libremente sin dudar, lamentarse o temer, y decirle al Señor de todo, con un espíritu alegre y dispuesto: –¡Todo es Tuyo, Señor! ¡Todo es tuyo!

Resumen en siete puntos

En síntesis, a continuación hay siete principios fundamentales sobre el señorío.

1. Un rey posee personalmente todo lo que está en su dominio. Todo le pertenece al rey.

2. El uso de todo lo que hay en el reino es un privilegio. Si el rey posee todo, entonces nada de lo que usamos es un derecho, sino un privilegio concedido por el rey.

3. Un rey puede dar o distribuir algo a alguien en su reino. ¿Por qué? Porque él es el dueño. Puede intercambiar cosas de la manera en que desee. Por eso debemos aferrarnos levemente a nuestras posesiones. Ellas no son verdaderamente nuestras. A veces el Rey nos probará diciéndonos que demos algo que Él nos ha dado. Nuestra respuesta, obediencia o desobediencia, revelará si creemos o no que Él es Señor. Si obedecemos, demostramos que creemos que Él es dueño de todo y que no solamente puede devolvernos lo que hemos dado sino también multiplicarlo.

4. La sumisión al señorío del Rey significa que no tenemos derechos por nosotros mismos. Por eso la mayor confesión que podemos hacer es Jesucristo es el Señor. En el momento en que digamos esas palabras, estamos reconociendo que no tenemos ya más derechos sobre nuestra propia vida; ahora le pertenece a Cristo. Nos hemos puesto voluntariamente bajo su control y dirección y estamos a su entera disposición y llamado. Él puede servirse de nuestras vidas cada vez que lo desee.

5. La obediencia es el reconocimiento del señorío. Cuando obedecemos al Rey, simplemente le estamos diciendo: "Tú eres el Señor y mi vida es tuya. Tus deseos son órdenes".

6. La gratitud es un reconocimiento del Señorío del Rey. La gratitud diaria por la comida, agua, vestido, vivienda y otras necesidades diarias, revela que creemos que el Rey es Dueño de todo y que Él es la fuente de todo lo que tenemos.

7. La palabra Señor nunca debiera ser usada junto a la palabra pero. Esas dos palabras nunca pueden ir juntas. No podemos decir: "Te amo, Señor, pero…" o de lo contrario él no es el Señor. No podemos proclamarlo Señor y luego poner excusas por no obedecerlo. La única palabra apropiada para usarse junto a Señor es ¡Sí! O Él es Señor de todo, o no es Señor para nada.

Principios

1. Todos los reyes son automáticamente señores.

2. La realeza tiene que ver con autoridad; el señorío, con propiedad.

3. Todos los reyes verdaderos deben tener y poseer territorios.

4. Como señor, un rey literal y legalmente posee todo lo que está en su dominio.

5. Si el rey lo posee todo, entonces nadie en el reino tiene nada.

6. Si el rey posee todo, puede dar cualquier cosa a quienquiera en cualquier momento, según su elección soberana.

7. La riqueza de un rey se mide por el tamaño y la riqueza de su dominio.

8. Dios, el Rey de los cielos, es Rey y Señor de todo.

9. Jesucristo es Rey y Señor de todo.

10. La confesión más importante que alguno de nosotros puede llegar a hacer es: Jesucristo es Señor.

11. No existe el señorío sin obediencia.

12. Si Jesús es Señor, entonces debe tener prioridad número uno en nuestras vidas.

13. O Jesús es Señor de todo o no es Señor para nada.

14. Vivir bajo un Señor también significa abandonar todo concepto de posesión personal.

15. En el Reino de los cielos, no hay crisis económica y no hay escasez.

16. Renunciar a la propiedad nos pone en la posición plena de acceso a todos los recursos del Cielo.

17. Deshacernos de la posesión personal también alimenta y libera un espíritu generoso dentro de nosotros.

Capítulo seis

Concepto n.º 3 de Reino: Acerca del territorio

L a esencia de un reino es la propiedad. El territorio o la propiedad es la validación de un rey. La tierra o propiedad definen a un rey o reina y le otorgan su derecho de proclamar su realeza. Recuerde que lo primero que Dios creó en la narrativa bíblica fue la propiedad... la Tierra. La Tierra fue creada y formada antes que la humanidad porque era necesaria a fin de que el hombre sea su gobernante legítimo. El hombre fue creado para dominar, y es imposible dominar la nada.

Por lo tanto el mandato de Dios a Adán fue de ser rey sobre una propiedad. Cada reino debe poseer un territorio. La palabra reino, en inglés *kingdom*, deriva de la frase dominio (*king domain*). Dominio se refiere a la propiedad, el territorio sobre el cual el rey ejerce su dominio. Un reino o *king domain*, es el territorio de un rey. Sin territorio, un rey no es rey porque no tiene nada sobre lo cual gobernar. Uno no puede ser "rey" sobre la nada.

Permítame darle un ejemplo tomado de la historia. El "descubrimiento" del Nuevo Mundo por parte de Cristóbal Colón en 1492 propulsó una expansión hacia el oeste durante los siguientes siglos. Los grandes imperios marítimos de Europa, tales como Inglaterra, Francia, Holanda, España y Portugal, todos competían por nuevo territorio en el hemisferio occidental. Fueron, por cierto, los monarcas españoles Fernando e Isabel quienes patrocinaron y financiaron el viaje épico de Colón.

Portugal concentró más su atención en Sudamérica y eventualmente reclamó el área que ahora abarca la nación de Brasil. Por muchos años Brasil era colonia y posesión de Portugal. Por esa razón los brasileños hasta el día de hoy hablan portugués. Es un legado de sus años bajo la influencia y el control portugués.

La historia sigue diciendo que el hijo del rey de Portugal le dijo a su padre:

—Quiero ser rey.

—Bien —respondió el padre—, no puedes.

—¿Por qué no?

—Porque soy el rey de Portugal, y estamos en Portugal. No puedes ser rey porque todavía estoy vivo. Cuando esté muerto, lo serás.

—Pero quiero ser rey ahora —dijo el príncipe—. No quiero esperar tanto.

Así que el rey de Portugal puso a su hijo en un navío, lo envió a América del Sur y lo hizo rey del territorio de Brasil. El hijo era soberano en Brasil, pero gobernaba como regente bajo su padre, el rey del imperio portugués, que incluía a Brasil. Cada vez que el padre visitaba a su hijo en Brasil, el hijo volvía a ser príncipe hasta que su padre se marchara. Recién entonces era rey otra vez. Cuando el hijo visitaba a su padre en Portugal, volvía a ser príncipe hasta que volviera a su propio dominio. Si el hijo quería reinar como rey, era mejor que estuviera alejado de su padre.

Así es como operan los reinos. Todos los reinos tienen territorio, pero solo puede haber un soberano reinando. Más de uno no significa reino dividido, significa revuelta o levantamiento.

Esta ilustración también aclara la relación entre Dios, el Rey de los cielos, y el hombre, su regente sobre la Tierra. Porque Dios es un Rey, y porque un reino es una nación gobernada por un rey y por lo tanto debe tener un territorio, podemos llegar a la conclusión de que el Cielo es un *lugar*. No es una idea mística y nebulosa de la mente humana. El Cielo es un Reino verdadero con un gobierno verdadero. El hecho de que su esfera principal abarque la dimensión espiritual de la creación no lo hace menos real.

Pero la dimensión del Reino de los cielos también nos lleva al mundo natural. Dios lo diseñó de este modo cuando creó la Tierra y luego moldeó al hombre a su propia imagen para que gobernara en su lugar. La secuencia de los hechos aquí es muy importante. Dios eligió al hombre para que sea un rey en todo su derecho, pero un rey no es un rey a menos que tenga un territorio sobre el cual gobernar. Así que Dios preparó primero el territorio, la Tierra, y luego dio a luz al hombre. Dios ubicó al hombre en la Tierra y le dijo: "Te doy la autoridad sobre este dominio físico. Tienes autoridad sobre cada centímetro de tierra y mar y sobre cada criatura que habita el planeta. Gobierna en libertad como *mi* representante legal".

Dios no quiere venir aquí en persona, para que nosotros podamos retener nuestra autoridad como reyes terrenales. Por esa razón tampoco Jesús está ansioso de que vayamos al mundo invisible de los cielos, porque cuando lo hagamos seremos reducidos a príncipes y princesas. Él oró que no seamos quitados del mundo, sino que seamos dejados en él, pero apartados del mal. La Tierra es para el hombre la llave al poder de dominio y su único territorio legal para gobernar.

Un vistazo al modelo de oración del Padrenuestro, revela que específicamente se identifica la ubicación del Padre y Rey de los cielos: *Padre nuestro que estás en los cielos....* Su ubicación es la clave de nuestro poder y autoridad sobre la Tierra. Si Él viene a la Tierra, nosotros perdemos nuestra posición privilegiada. La humanidad fue diseñada para servir como un reino corporativo de reyes que representan a su Padre, el Rey de los cielos, en la colonia llamada Tierra.

Como el príncipe portugués de la historia anterior, el hombre era soberano dentro de la esfera de su propio dominio, pero él reconocía la soberanía final de Dios sobre todas las cosas por derecho de creación y propiedad. Ese acuerdo ideal fue quebrado, sin embargo, cuando el hombre se rebeló contra Dios, abdicó de su posición de gobierno, y le entregó el control de su reino a un usurpador diabólico, un ángel caído que no tenía derecho ni autoridad para tomarlo.

El propósito de Dios es inmutable. Él creó al hombre para gobierno, e inmediatamente puso en marcha su plan para restaurarle al hombre el Reino que había perdido. La Biblia nos da un registro detallado del progreso histórico del plan de Dios. En la plenitud de los tiempos, cuando todo estaba en su lugar, Jesucristo, el Hijo de Dios, nació en carne humana y se apareció a los hombres diciendo: *Arrepiéntanse* [cambien de opinión], *porque el reino de los cielos está cerca* [ha llegado] (Mateo 4:17b). El Hijo de Dios vino a recobrar el Reino para la humanidad. Él vino como humano porque la Tierra es el dominio dado por Dios a los hombres, y solo un humano tenía la autoridad legal para regirlo directamente.

SIETE PRINCIPIOS DE REINO SOBRE EL TERRITORIO

El territorio es vital para un reino ya que sin territorio no puede existir un reino. Por eso, un rey siempre está interesado en expandir sus tierras. ¿Por qué es tan importante? ¿Por qué no puede haber un reino sin territorio? Aquí presento siete razones.

1. *Ningún rey puede reinar sobre la nada.* Un rey es un gobernante, quien por definición requiere una esfera de dominio para gobernar. Sin territorio, no hay gobierno; sin gobierno, no hay rey. Por eso Dios hizo la Tierra antes de hacer al hombre; el hombre no podía ser rey hasta que tuviera un lugar físico. Cuando Dios comenzó a establecer su Reino, comenzó por crear el territorio: *"En el principio creó Dios los cielos y la tierra"* (Génesis 1:1). Primero creó los cielos, su territorio, y luego creó la Tierra, el territorio del hombre. De esa manera el hombre podría ser rey al igual que su Creador.

2. *No hay reino sin un territorio.* ¿Por qué el territorio de un rey se llama su dominio? Porque domina sobre él. Un territorio dominado por un rey se llama el dominio del rey, de donde obtenemos la palabra *reino* [recuerde que en inglés *kingdom*, proviene de dos palabras *king domain*].

3. *La esencia de un reino es el derecho, el poder y la autoridad del rey de ejercer completa soberanía sobre un dominio.* En otras palabras, un verdadero reino es uno donde el rey tiene el *derecho* a reinar. Los derechos son muy importantes, ya que son las bases de la autoridad. Dios tiene el derecho de gobernar el universo. ¿Por qué? Porque Él lo creó. Dentro de su Reino Dios puede hacer lo que quiera, porque sus derechos como Rey le confieren absoluto poder y autoridad; infinito, ya que su Reino es infinito.

4. *El corazón del reino es el concepto de la esfera de dominio del rey.* El ámbito de dominio del rey es la clave de su reino, porque para ser rey tiene que tener algo sobre lo cual regir.

5. *Un rey no sería rey sin un dominio.* Yo sé que ya lo he dicho, pero se me ocurre repetirlo porque muchas personas que tienen incorporado el concepto de reino tienen problemas a la hora de entender la conexión entre un rey y su dominio. Cuando el *Shah* de Irán fue desalojado por los revolucionarios fundamentalistas islámicos en 1979, huyó a otro país. Aunque todavía era llamado shah (la palabra iraní para rey), era por pura cortesía. En realidad, ya no era más un rey porque ahora no poseía un dominio. Era un rey en el *exilio*. No se puede ser rey sin un territorio. Por eso, Cristo tuvo que venir a la Tierra para recuperar nuestro reino terrenal. Se supone que somos reyes, pero sin territorio no podemos cumplir nuestro destino.

6. *La riqueza del territorio de un rey define su valor.* Hablamos sobre esto en el capítulo anterior. El territorio es importante para un rey porque cuanto más territorio posee, más rico es. Un rey es solamente tan rico como su dominio lo es. Y como veremos luego, el territorio, los bienes raíces, son importantes porque es la única forma de riqueza terrenal que nunca pierde su valor.

7. *La pérdida de un dominio es la pérdida de un reino.* Repito, el Shah de Irán es un buen ejemplo. Tan pronto como perdió su dominio, ya no era más rey, excepto de nombre. Otro buen ejemplo es Adán. Cuando Adán, el rey de la Tierra, se rebeló contra Dios, el Supremo Rey de los cielos, perdió su reino y con él, su lugar de rey.

La Biblia dice que Jesucristo es el *segundo Adán*, que vino a restaurar lo que el primer Adán perdió. Porque Jesús restauró el Reino, todos los que son ciudadanos del Reino de los cielos, ahora pueden ser reyes y reinas del reino terrenal otra vez. ¿Qué significa eso en términos prácticos? Que podemos controlar nuestras circunstancias y nuestro dominio en vez de que ellos nos controlen a nosotros. Las buenas nuevas del Reino que Jesús predicaba no eran simplemente que podemos tener el perdón de nuestros pecados y alinearnos correctamente con Dios, aunque esto es absolutamente esencial; ¡las *buenas nuevas* son también el hecho de que podemos tener nuevamente nuestro Reino!

Cinco principios acerca de la autoridad del hombre sobre la Tierra

Nuestro destino como seres humanos está envuelto en tierra. Dios nos creó para ser reyes sobre el dominio terrenal, y Él no descansará hasta que estemos completamente restaurados a nuestro lugar original. Deseo compartir con ustedes cinco principios que nos ayudarán a explicar los fundamentos de nuestra autoridad sobre la Tierra tal como Dios la planeó.

1. *Lo primero que Dios le dio al hombre fue un territorio.* No le dio una religión o un conjunto de reglas a seguir. Le dio tierra. Antes de que el hombre pudiera ser el rey que Dios creó, tenía que tener un dominio sobre el cual reinar.

2. *La Tierra fue creada para darle al hombre legitimidad en su reinado.* Dios nos dio la Tierra para que nuestro reinado fuera legal. Él hizo a Adán como rey e hizo a Eva como reina, igual a Adán en todo sentido. El gobierno de la Tierra le pertenece tanto al hombre como a la mujer. Mi esposa es mi compañera en el reinado. Ella no me sirve a mí. Dominamos la Tierra juntos a favor de nuestro gobierno de los cielos.

3. *El dominio de la Tierra es el derecho legal, poder y autoridad de liderazgo de la humanidad.* Cuando Dios dijo: *Que* [ellos] *tengan dominio*, nos transfirió los derechos legales sobre la Tierra. Él no dijo: "Que tengamos [nosotros] dominio", incluyéndose a sí mismo, porque ya tenía el dominio en el Cielo. Más bien dijo: "Que tengan el dominio sobre este territorio llamado Tierra. Yo he de reinar en el Cielo; mis hijos han de reinar en la Tierra.

Seré el Rey de los Cielos; ellos serán los reyes de la Tierra. Voy a ser el Soberano de los Cielos y ellos serán soberanos de la Tierra". El dominio de la Tierra es nuestro derecho legal. Tenemos el derecho de estar aquí y Dios fue quien nos dio ese derecho. Hay tantos creyentes que anhelan ir al Cielo, ¡pero aguardo volver a reinar en la *tierra nueva* que Dios recreará cuando esta Tierra haya pasado! (vea Apocalipsis 21:1). El Cielo es bueno, y será un lugar glorioso sin dudas, pero en definitiva ese no es el lugar al que pertenecemos. En el Cielo no tenemos autoridad legal para gobernar; ese es el dominio de Dios. Nosotros fuimos hechos para la Tierra, y aquí es donde nuestro lugar de dominio estará en la vida venidera.

4. *"Que ellos" son palabras claves en la transferencia de autoridad.* Dios nos delegó autoridad porque quiere que experimentemos el gobierno. Quiere que sepamos lo que es estar a cargo.

5. *El reinado del hombre es un privilegio, no un derecho creativo.* Dios controla el dominio porque lo creó. Lo gobierna por derecho de creación. Nosotros gobernamos porque es un privilegio. Somos reyes por delegación, no por creación. Dios nos dio el gobierno, pero no la titularidad. Nuestro *estatuto* de gobierno incluye un *sentido* de propiedad porque nos dio la soberanía dentro de nuestro dominio terrenal.

ATAR Y DESATAR

Esta transferencia de autoridad de gobierno sobre la Tierra de parte de Dios hacia el hombre tiene implicancias mayores para nosotros respecto a nuestras circunstancias diarias y nuestra relación con la sociedad y cultura. Por lo cual, es importante que las comprendamos. Dios nos ha dado autoridad sobre la Tierra. Eso significa que *estamos al mando*. Se hará lo que digamos. Eso nos brinda mucha libertad para hacer lo que queramos dentro de nuestro dominio. Pero también significa que no podemos culpar a Dios por todo lo que anda mal, aunque es exactamente lo que solemos hacer. *¿Por qué Dios permite tanto sufrimiento en el mundo? ¿Por qué Dios no quita el mal? ¿Por qué permite que la enfermedad continúe? ¿Acaso no le importa? ¿Por qué no hace algo al respecto?*

¿Por qué Dios no interviene? Porque no es su dominio. Él no intervendrá en los asuntos de este dominio terrenal sin el permiso de aquellos que tienen la autoridad de dominio aquí. ¿Y quién tiene la autoridad de dominio? Cada ser humano existe en esta Tierra es un ciudadano del Reino de los Cielos. No debemos culpar a Dios por la maldad y el sufrimiento humano. Nosotros acarreamos esas cosas por nuestro propio egoísmo y espíritu rebelde. Dios quiere ayudarnos, pero no intervendrá a menos que sea invitado a hacerlo por parte de los ciudadanos del Reino que conocen su autoridad de dominio. A través de la oración es como invitamos a Dios a actuar en nuestro dominio.

Eso fue lo que Jesús quiso decir cuando expresó:

Les aseguro que todo lo que ustedes aten en la tierra quedará atado en el cielo, y todo lo que desaten en la tierra quedará desatado en el cielo (Mateo 18:18).

A muchos creyentes les han enseñado que este versículo trata sobre atar y desatar a los espíritus demoníacos. No tiene nada que ver con demonios. Jesús usa lenguaje de Reino. *Atar* significa trabar o prohibir; *desatar* significa destrabar o permitir. Tenemos autoridad de dominio sobre la Tierra. Jesús dice: lo que prohibamos sobre la Tierra, el Cielo lo prohibirá, y lo que permitamos en la Tierra, el Cielo lo permitirá. Considere las implicancias de esto. Todo lo que permitamos en la sociedad, el Cielo no lo detendrá, y todo lo que anulemos en la sociedad, el Cielo se asegurará de que no ocurra.

¿Entiende cuán serio es todo esto? El manejo de la Tierra está totalmente en nuestro poder. *Nosotros* somos responsables por la maldad, enfermedades y sufrimiento en el mundo. Estas cosas son el reflejo de la naturaleza y calidad de nuestro manejo. Por eso Dios necesita que oremos. Él no puede interferir en la Tierra a menos que lo liberemos para hacerlo, porque Él nos ha dado la soberanía aquí. Cuando lo hacemos, el Cielo invade nuestro territorio a favor de nosotros.

El Rey de los cielos nos ha dado autoridad de dominio aquí en la Tierra, y Él no la violará sin nuestro permiso.

Esta verdad es una clave importantísima para el hecho de cómo deberíamos vivir como ciudadanos del Reino sobre la Tierra. Habiendo sido criados en cualquiera de los sistemas de gobierno, todos fuimos *programados* para pensar de la vida en sociedad conforme a *lo que tenemos* o *lo que nos falta*, por los altibajos económicos, desabastecimiento crónico, corrupción, despotismo y la caza voraz de los más débiles. Miramos esas cosas, suspiramos, y decimos: "Oh, bueno, así es la vida".

¡No en el Reino de los cielos!

Como dije anteriormente, en el Reino de los cielos no hay crisis económica y no hay escasez porque los recursos del Cielo son infinitos. Y debido a que todos los ciudadanos del Cielo son iguales, allí no hay *tenemos* o *no tenemos*: todos *tenemos*. No hay corrupción o despotismo, porque nuestro Rey es justo y benevolente. Los fuertes no se devoran al más débil porque allí no hay débil. Todos son fuertes en la fuerza, presencia e influencia del Rey, y en el conocimiento certero de su lugar y privilegio como ciudadanos iguales de ese Reino.

Ver la vida desde esta perspectiva requerirá un importante cambio de mentalidad para mucha gente. Tenemos que aprender, entrenarnos, ser enseñados a pensar en esta forma. Un cambio de mentalidad es lo que La Biblia llama arrepentimiento. Entonces las palabras de Jesús se vuelven mucho más claras cuando dijo: *Arrepiéntanse, porque el reino de los cielos está cerca* (Mateo 4:17). Él dice: "¡Cambien su mentalidad! ¡Dejen de pensar como el mundo, con sus suficiencias e insuficiencias, y comiencen a pensar como ciudadanos del Reino! ¡Dejen de operar desde la mentalidad mundana de 'no tengo suficiente' y comiencen a moverse en la mentalidad de Reino de 'tengo más que suficiente'! El Reino de los cielos está aquí y todo ha cambiado".

Diez principios sobre el poder de la tierra

Espero que a esta altura ya se esté esclareciendo la importancia que el territorio tiene dentro del concepto de reino. Teniendo esto en cuenta, quisiera concluir este capítulo con una breve presentación de los diez principios del poder de la tierra. En este contexto, *tierra, territorio* y *dominio* significan lo mismo.

1. *Lo primero que Dios el dio al hombre fue tierra.* Esto ya lo hemos analizado. Dios creó la Tierra y luego creó al hombre para gobernar sobre ella. Específicamente, Dios puso a Adán en un jardín hermoso y de vegetación exuberante y le dio la responsabilidad de cuidarlo y atender a sus habitantes. El Rey de los cielos le dio al rey de la Tierra un dominio físico, tierra, sobre la cual ejercer dominio.

2. *Lo primero que el hombre perdió fue la tierra.* Cuando Adán y Eva se rebelaron contra el Rey, Él los echó del jardín. Ellos perdieron la propiedad que Dios les había dado. Habiendo perdido su dominio, ellos descubrieron que el medioambiente terrenal ahora era hostil hacia ellos.

3. *Lo primero que Dios le prometió a Abraham fue tierra, no cielo. Lo primero que Dios le prometió a Moisés fue tierra, no cielo.* Nuestro mayor sueño es ir al cielo, mientras que el mayor sueño de Dios para nosotros es que poseamos tierra, porque Él nos creó para ser reyes, y todos los reyes poseen una propiedad.

4. *La verdadera riqueza está en la tierra.* Por eso en inglés se le llama *real estate*, patrimonio real [nosotros en español le decimos *bienes raíces*]. Todos los otros patrimonios no son *reales*, en el sentido de realeza. Tanta gente gasta todos sus recursos para adquirir *riqueza* que nunca perdura: bienes que se disipan con el consumo o desaparecen por una depresión económica o un desastre natural. La tierra nunca pierde su valor a pesar de

lo que suceda con la economía. De hecho, la tierra casi siempre incrementa su valor durante los tiempos difíciles. Si quiere asegurarse la prosperidad para usted mismo y sus futuras generaciones, concéntrese en adquirir bienes raíces. Hay poder en la tierra, lo cual nos conduce al siguiente principio.

5. *El que posee tierra controla la riqueza.* Una vez, me encontraba en Omaha, Nebraska, saliendo del aeropuerto, y le hice un comentario al chofer acerca de la belleza e imponencia de un rascacielos que dominaba el horizonte.

—¿Qué es eso? —le pregunté. Él se rió entre dientes y me contestó:

—Es la desgracia de la ciudad.

—¿Por qué? —pregunté sorprendido. Él me respondió:

—Es el edificio más alto de toda la ciudad, y es de los japoneses.

La gente inteligente, gente con mente de reino, persigue la tierra. ¿Por qué?

6. *La verdadera riqueza está en la tierra.* Nunca pierde su valor y, en efecto, casi siempre aumenta de valor cuanto más tiempo hace que la posee. Una vez compré una pequeña parcela de tierra por $35.000. Varias personas me hicieron ofertas para comprarme el terreno, pero lo retuve. Unos pocos años luego, un empresario adinerado construyó una edificación de $3.000.000 en una propiedad adyacente. ¿Cuánto valor cree que eso le agregó a *mi* terreno? La verdadera riqueza yace en el *real estate* [patrimonio real].

7. *Los mansos heredarán la Tierra.* Y Jesús dijo que esta era una bendición: *Bienaventurados los mansos, porque ellos recibirán la tierra como heredad* (Mateo 5:5 RVR60). *Manso* significa *suave*, pero también significa *disciplinado*. La palabra griega se refiere al comportamiento de un caballo que ha sido domado para cabalgar. Un caballo es un animal muy fuerte. Luego de ser

domado, sigue siendo fuerte, pero ahora esa fuerza está bajo control. Esta clase de gente, los mansos, son los que heredarán la *Tierra, no* el Cielo.

8. *La tierra es el único patrimonio que es real.* El *real estate* es la única propiedad de verdadero valor duradero que podemos dejarle a nuestros hijos. Todo lo demás se desvanece fácilmente. La Biblia dice: *El hombre de bien deja herencia a sus nietos* (Proverbios 13:22a).

9. *Dios considera la pérdida de tierra una maldición.* Esto es muy importante en La Biblia. Cada vez que Dios maldijo a los israelitas por su rebeldía y desobediencia, les quitó territorio. Cuando se arrepentían, los bendecían restaurándoles su tierra. Dios usa la tierra para medir la bendición o maldición. Por lo tanto...

10. *La restauración de la tierra es una bendición.* La tierra es importante. La tierra tiene poder, porque sin tierra no hay dominio y sin dominio no hay rey.

REYES DE UNA NUEVA TIERRA

Muchos ciudadanos del Reino han sido de tal manera enseñados a esperar ansiosamente el Cielo como la "recompensa" final para la vida venidera, que la enseñanza de una herencia terrenal los hace sentir incómodos. Pero La Biblia lo dice. Isaías, uno de los primeros profetas de la antigüedad y vocero del Reino de los cielos, escribió:

Porque así dice el Señor, el que creó los cielos; el Dios que formó la tierra, que la hizo y la estableció; que no la creó para dejarla vacía, sino que la formó para ser habitada: 'Yo soy el Señor, y no hay ningún otro' (Isaías 45:18).

Dios creó la Tierra para que la gente viva en ella. Él está tan comprometido con este planeta, que aun cuando se deshaga, lo recreará en uno nuevo:

Después vi un cielo nuevo y una tierra nueva, porque el primer cielo y la primera tierra habían dejado de existir, lo mismo que el mar. Oí una potente voz que provenía del trono y decía: '¡Aquí, entre los seres humanos, está la morada de Dios! Él acampará en medio de ellos, y ellos serán su pueblo; Dios mismo estará con ellos y será su Dios. Ya no habrá muerte, ni llanto, ni lamento ni dolor, porque las primeras cosas han dejado de existir'. El que estaba sentado en el trono dijo: '¡Yo hago nuevas todas las cosas!' (Apocalipsis 21:1, 3, 4b-5a).

El programa de Dios nunca cambia. Él está abocado a su plan para la Tierra, y comprometido con sus habitantes, lo cual constituye la razón por la que no podemos permanecer en el Cielo. La Biblia promete una completa restauración en la cual todos los ciudadanos del Reino tendrán un nuevo cuerpo físico de alguna clase, y reinarán en la Tierra para siempre, tal como Dios lo planeó desde el principio. Mientras tanto, Él quiere que nosotros practiquemos, que aprendamos cómo tomar el reinado y ejercer dominio sabio sobre este territorio llamado Tierra que Él nos ha regalado. El Reino de los cielos está aquí ahora. Nosotros somos sus ciudadanos, representantes de su gobierno colonizador, y poseemos la autoridad ahora mismo para actuar en el nombre del nuestro Rey y traer la influencia de su voluntad y deseos sobre este dominio terrenal.

PRINCIPIOS

1. Todo reino tiene un territorio.

2. El Cielo es un Reino real con un gobierno real.

3. Un rey no lo es a menos que tenga territorio sobre el cual reinar.

4. El Hijo de Dios vino a recuperar el Reino para la humanidad.

5. Sin territorio ningún reino puede existir.

6. Un rey es solamente tan rico como lo es su dominio.

7. Nuestro destino como seres humanos está envuelto en la tierra.

8. Fuimos hechos para la Tierra, y allí es donde nuestro lugar de dominio será en la vida venidera.

9. Somos reyes por delegación, no por creación.

10. Dios no intervendrá en los asuntos del dominio terrenal sin el permiso de los que tienen la autoridad de dominio aquí.

11. A través de la oración invitamos a Dios a actuar en nuestro dominio.

12. En el reino de los cielos no hay *tenemos* o *no tenemos*, todo es un *tengo*.

13. Los mansos heredarán la Tierra, no el Cielo.

CAPÍTULO SIETE

CONCEPTO N.º 4 DE REINO:
ACERCA DE LA CONSTITUCIÓN

Luego de la invasión a Irak por parte de las fuerzas militares de los Estados Unidos y las otras naciones aliadas, el primer objetivo después de derrocar a Saddam Hussein fue la creación de una nueva nación. Es interesante observar que la primera orden fue crear una Constitución, y llevó meses que ese ejercicio fuera completado. El proceso de construir una nación no podía avanzar hasta que ese documento llamado Constitución estuviera completo y hubiera sido aceptado por los principales participantes.

El corazón de todas las naciones, imperios y reinos es su Constitución. Sin ella, no hay nación o reino. En una república, la Constitución es el pacto que el pueblo hace con los que contratan por medio del voto, un cuerpo de gobierno que guarde ese pacto por ellos y con ellos. En un reino, la Constitución es el pacto del rey con sus ciudadanos y su reino. En el primer caso, la Constitución es producida por las aspiraciones del pueblo, mientras que en este último caso es iniciada por el rey y contiene las aspiraciones y los deseos del rey para sus ciudadanos y su reino. Esta es la distinción más importante entre un reino y una república democrática. Por ejemplo, la Constitución de los Estados Unidos comienza con las palabras: "Nosotros, el pueblo...". Sin embargo, al leer la Constitución del Reino de Dios como está documentada en Las Escrituras, siempre dice: "Yo, el Señor, digo...".

Al igual que cualquier otro sistema de gobierno, todo reino tiene una. La Constitución de cualquier nación tiene que ver con la manera en la cual el gobierno está organizado, particularmente con respecto a la forma en que el poder soberano es ejercido. Ella encarna las leyes básicas y los principios que guían al gobierno y traza de los poderes específicos y sus tareas en relación tanto con su pueblo como con otras naciones. Una Constitución también delinea, garantiza y protege los derechos específicos de la gente que vive bajo esa jurisdicción.

A pesar del tipo de gobierno, la Constitución se establece por quienquiera que ejerza el poder. En un estado totalitario o en una dictadura, el líder supremo, junto con una elite gubernamental de compinches elegidos por él, determinan las leyes y condiciones bajo las cuales el pueblo vive (leyes generalmente diseñadas para su propio beneficio y enriquecimiento a expensas del pueblo).

En una república o democracia, por otro lado, el poder descansa en el pueblo. Eligen líderes para representarlos y luego les piden a esos líderes que promulguen leyes e implementen políticas que beneficiarán al electorado. Aquellos que fallan en desempeñarse adecuadamente o violan la confianza del pueblo pueden ser destituidos mediante votación y reemplazados por otros. A través de sus líderes electos, el pueblo establece su propia Constitución.

Como destacamos anteriormente, un reino es diferente. En un reino todo el poder reside en la persona del rey. Es él, por tanto, quien establece la Constitución para su reino. La Constitución de un reino es la voluntad documentada, los propósitos y planes del rey. Expresa los deseos personales del rey para su reino y establece los principios bajo los cuales el reino operará, así como también señala la forma y condiciones de cómo el rey se relacionará con su pueblo y ellos con él. La Constitución de un reino está plasmada de la esencia de la naturaleza, carácter y personalidad del rey. Por eso siempre es bueno tener un rey justo, benevolente y compasivo, con una preocupación genuina por el bienestar de sus ciudadanos.

Un contrato real

En un reino, la Constitución es un *contrato real* que el rey tiene con sus súbditos, los ciudadanos. No *es* el contrato que aquellos tienen con el rey, y esa es una distinción realmente importante. En primer lugar, el contrato se origina con el rey, y en segundo, con el pueblo. Un contrato generado por el pueblo es una *democracia*, algo completamente opuesto a un reino. Un contrato real, por otro lado, se origina completa y exclusivamente en el corazón, mente y voluntad del rey. Sus ciudadanos no tienen opinión concerniente a los términos o condiciones del contrato.

Este es el abordaje que el Rey de los cielos siempre ha tenido hacia la humanidad. Cuando Dios comenzó a establecer una colonia del Reino sobre la Tierra, estableció todas las condiciones y parámetros de antemano. Todo estaba ya en lugar para el tiempo en que Adán entró en escena. Todo lo que Adán tenía que hacer era seguir los términos y condiciones que Dios ya había establecido:

Y dijo [Dios]: 'Hagamos al ser humano a nuestra imagen y semejanza. Que tenga dominio sobre los peces del mar, y sobre las aves del cielo; sobre los animales domésticos, sobre los animales salvajes, y sobre todos los reptiles que se arrastran por el suelo'. Y Dios creó al ser humano a su imagen; lo creó a imagen de Dios. Hombre y mujer los creó, y los bendijo con estas palabras: 'Sean fructíferos y multiplíquense; llenen la tierra y sométanla; dominen a los peces del mar y a las aves del cielo, y a todos los reptiles que se arrastran por el suelo' (Génesis 1:26-28).

Dios el Señor plantó un jardín al oriente del Edén, y allí puso al hombre que había formado. Dios el Señor tomó al hombre y lo puso en el jardín del Edén para que lo cultivara y lo cuidara, y le dio este mandato: 'Puedes comer de todos los árboles del jardín, pero del árbol del conocimiento del bien y del mal no deberás comer. El día que de él comas, ciertamente morirás' (Génesis 2:8,15-17).

Como puede ver, el proceso contractual entero fue completamente unilateral de parte de Dios. Adán no tuvo aporte en absoluto; de hecho, cuando el contrato se redactó, ¡ni siquiera existía! Después de que fue creado, Adán simplemente recibió el contrato completo de mano de Rey.

Lo mismo sucede respecto del contrato de Dios con Abraham. Primero, Dios determinó lo que iba a hacer y luego le presentó el contrato completo:

El Señor le dijo a Abram: 'Deja tu tierra, tus parientes y la casa de tu padre, y vete a la tierra que te mostraré. Haré de ti una nación grande, y te bendeciré; haré famoso tu nombre, y serás una bendición. Bendeciré a los que te bendigan y maldeciré a los que te maldigan; ¡por medio de ti serán bendecidas todas las familias de la tierra!' (Génesis 12:1-3).

Después de esto, la palabra del Señor vino a Abram en una visión: 'No temas, Abram. Yo soy tu escudo, y muy grande será tu recompensa'. Luego el Señor lo llevó afuera y le dijo: 'Mira hacia el cielo y cuenta las estrellas, a ver si puedes. ¡Así de numerosa será tu descendencia!' (Génesis 15:1,5).

Una unilateralidad así de parte de Dios es una expresión de su soberanía. Tanto a Adán como a Abraham (o Abram) Dios les estaba diciendo: "Este es *mi* gobierno; este es el acuerdo que *Yo* estoy haciendo con ustedes. Ustedes no dictan los términos o me dicen lo que quieren. Les digo lo que quiero y lo que haré por ustedes". La Constitución de un reino es iniciada *por* el rey, *desde* el rey y para el agrado del rey.

La Constitución de un reino es, entonces, el documento que constituye el deseo del rey para sus ciudadanos. En una república, la Constitución es el contrato del pueblo con ellos mismos, mientras que en un reino es el contrato del rey para el pueblo. En una democracia, el pueblo planifica y decide lo que quiere que les suceda. Pero en un reino, el pueblo no tiene opinión. En cambio, el rey dice lo que quiere que le suceda a usted.

Por eso Dios hace declaraciones como esta:

Porque yo sé muy bien los planes que tengo para ustedes afirma el Señor, planes de bienestar y no de calamidad, a fin de darles un futuro y una esperanza. Entonces ustedes me invocarán, y vendrán a suplicarme, y yo los escucharé. Me buscarán y me encontrarán, cuando me busquen de todo corazón. Me dejaré encontrar, afirma el Señor... (Jeremías 29:11-14a).

De modo que la Constitución del Reino de los cielos declara los deseos del Rey para sus ciudadanos. Y debido a que Él es un Rey justo y benevolente, sus deseos son siempre para nuestro mayor beneficio y bienestar. El Rey del Cielo quiere bendecirnos; Él desea que las bendiciones nos sorprendan. Nosotros siempre tratamos de decirle a Dios qué hacer, especialmente en este tiempo:

—Esto es lo que quiero, y quiero esto, y esto, y esto otro... Pero Dios dice:

—En *este* Reino, *Yo* hago los contratos.

La voluntad y el testamento del rey

Además de ser un contrato real, la *Constitución* en un reino es la voluntad *expresada* del rey en forma tangible y escrita, no limitada a un contrato verbal. Ponerla por escrito establece una normativa que se puede medir fácilmente, así como también deja en claro para todo el mundo sus términos y condiciones. Por eso en el Reino de los cielos tenemos un libro llamado La Biblia: la voluntad expresada del Rey en forma escrita. Es la Constitución de su Reino.

Como ya hemos visto, las palabras de un rey se convierten en la ley de esa tierra. Sus palabras no producen el contrato; sus palabras son el contrato. Y por este contrato, esta Constitución, viene la ley. La Constitución no es la ley; produce la ley. Quiero decir es que establece los términos, condiciones y derechos de la vida en el reino. Esto nos conduce a leyes diseñadas con el propósito expreso de asegurarse que todos esos términos, condiciones y derechos sean preservados, protegidos y cumplidos.

La Constitución es la voluntad y el testamento del rey para sus ciudadanos. *Voluntad* y *testamento* son dos palabras diferentes, pero relacionadas estrechamente, y ambas son muy importantes.

Una *voluntad* es lo que está en la mente de una persona, su deseo o intenciones. Un testamento es el documento físico de la voluntad de la persona, que pone su deseo e intenciones en la forma de un documento legal. Una voluntad, entonces, está en su cabeza, mientras que un testamento, es cuando escribe lo que está en su cabeza. Por eso los abogados siempre preguntan: "¿Usted tiene una voluntad y un testamento?" El testamento escrito clarifica a todas las partes su deseo e intención y las hace verificables en una corte.

Por eso llamo a La Biblia la *Constitución* del Reino de los cielos. Incluso está dividida en dos secciones llamadas el Antiguo *Testamento* y el Nuevo *Testamento*. La Biblia, entonces, comprende los pensamientos documentados de Dios respecto a sus ciudadanos; su voluntad, deseos e intenciones expresados para la raza humana que él creó a su propia imagen. Una voluntad que se mantiene en la mente de alguien nunca puede ser defendida en una corte. Por esa razón Dios les ordenó a Moisés y a los otros profetas en La Biblia que *escribieran*. Él quería un testamento que pudiera ser *probado* o refutado en la corte del universo. Así que tomamos La Biblia y la traemos delante de la corte del universo y decimos:

—Esto es lo que mi Rey me garantizó. Entonces el Rey dice:

—Según mi Palabra, sea hecho en ti.

Un testamento brinda protección del abuso de los derechos. Protege los derechos de los beneficiarios de la voluntad. Si todo lo que tiene es una voluntad, ¿cómo puede alguien saber lo que usted desea para sus beneficiarios? *Usted* sabe lo que quiere, pero si muere de repente ¿qué sucederá? ¿Cómo serán protegidos sus beneficiarios y recibirán los beneficios que usted deseó para ellos a menos que su voluntad sea escrita y documentada legalmente? Ese es el propósito de un testamento. Un testamento puede ser refutado solo en una corte. No hay dudas de lo que usted quiso decir.

La Palabra de Dios, escrita e impresa en el libro que llamamos La Biblia, es el documento más poderoso que tenemos. Es la Constitución del Reino de los cielos, el testamento de la voluntad del Rey para sus ciudadanos.

Siete principios de la Constitución del Reino

1. *El origen de la Constitución es el rey, no los ciudadanos.* Mientras que la Constitución de los Estados Unidos comienza con las palabras "Nosotros, el pueblo...", la Constitución del Reino de Dios dice: Yo, el Señor...". Los que vivimos en estados democráticos siempre podemos enmendar nuestra Constitución porque nosotros, el pueblo, la creamos. Pero no podemos cambiar la Constitución de Dios porque nosotros no la escribimos.

Por eso creo que el mayor conflicto en los años venideros será entre el Reino y la religión. La gente religiosa sigue tratando de adaptar la Constitución de Dios. La debaten y discuten y se avergüenzan o se enojan con las partes que ellos no aprueban. A veces hasta la cambian o diluyen para hacerla más apetecible para los gustos espirituales modernos. Esto es una absoluta estupidez. El Rey de los cielos estableció la Constitución para su Reino y solo Él puede cambiarla. Nosotros no. Él es eternamente inmutable, y asimismo su Palabra, porque el Rey y su Palabra son lo mismo. Dice abiertamente en la Constitución:

El Señor es rey eterno; los paganos serán borrados de su tierra (Salmo 10:16).

Pero los planes del Señor quedan firmes para siempre; los designios de su mente son eternos (Salmo 33:11).

Tu trono, oh Dios, permanece para siempre; el cetro de tu reino es un cetro de justicia (Salmo 45:6).

Pero tú, Señor, reinas eternamente; tu nombre perdura por todas las generaciones (Salmo 102:12).

Tu palabra, Señor, es eterna, y está firme en los cielos (Salmo 119:89).

Desde hace mucho conozco tus estatutos, los cuales estableciste para siempre (Salmo 119:152).

La Palabra del Rey es inmutable e incambiable. Pero casi no pasa un día en que algún líder religioso en algún *talk-show* o en algún canal de noticias exponga su propia *opinión* acerca de los temas del día que La Biblia trata directamente. Cuando les preguntan por los derechos de los homosexuales o el matrimonio gay o el aborto o algo por el estilo, ellos hablan como si estos y otros asuntos estuvieran abiertos a debate. En la religión, tal vez lo estén. *Pero no en el Reino de los cielos.*

En mis viajes por todo el mundo, me preguntan a menudo que responda a esa clase de cuestionamientos. Siempre encuadro mi respuesta dentro de la perspectiva del Reino. Un intercambio típico sería algo así como:

—Dr. Munroe, ¿qué piensa acerca de la homosexualidad? ¿Cuáles son sus pensamientos sobre el aborto?

—No tengo pensamiento acerca de esas cosas.

—Pero... se supone que es un hombre de Dios.

—No tengo pensamientos sobre esas cosas porque un embajador nunca da su opinión personal; es ilegal. Mi opinión personal está fuera de lugar. Otros que representan una religión pueden expresar sus opiniones. Pero no represento una religión, ni siquiera al cristianismo. Yo represento un gobierno, el Reino de los cielos. Soy un embajador, y los embajadores no dan sus opiniones personales. Sin embargo, la posición de mi gobierno es...

Y luego prosigo citando la Constitución, La Biblia.

En el Reino de los cielos, no tenemos el privilegio de forzar la Constitución. No es nuestro documento; es el del Rey. Y los ciudadanos del Reino obedecen la ley del Rey.

2. *La Constitución contiene los beneficios y privilegios de los ciudadanos.* Detalla las ventajas que viene de ser un ciudadano del Reino, como así también todo lo que pueden esperar de parte del Rey. En La Biblia, esto a menudo suele tomar la forma de promesas. Aquí hay unas pocas:

Así que no se preocupen diciendo: '¿Qué comeremos?' o '¿Qué beberemos?' o '¿Con qué nos vestiremos?' Porque los paganos andan tras todas estas cosas, y el Padre celestial sabe que ustedes las necesitan. Más bien, busquen primeramente el reino de Dios y su justicia, y todas estas cosas les serán añadidas (Mateo 6:31-33).

Pidan, y se les dará; busquen, y encontrarán; llamen, y se les abrirá. Porque todo el que pide, recibe; el que busca, encuentra; y al que llama, se le abre (Mateo 7:7-8).

Porque tanto amó Dios al mundo, que dio a su Hijo unigénito, para que todo el que cree en él no se pierda, sino que tenga vida eterna (Juan 3:16).

Ciertamente les aseguro que el que oye mi palabra y cree al que me envió, tiene vida eterna y no será juzgado, sino que ha pasado de la muerte a la vida (Juan 5:24).

No se angustien. Confíen en Dios, y confíen también en mí. En el hogar de mi Padre hay muchas viviendas; si no fuera así, ya se lo habría dicho a ustedes. Voy a prepararles un lugar. Y si me voy y se lo preparo, vendré para llevármelos conmigo. Así ustedes estarán donde yo esté (Juan 14:1-3).

No tengan miedo, mi rebaño pequeño, porque es la buena voluntad del Padre darles el reino (Lucas 12:32).

Cada uno de estos beneficios, o promesas, fue pronunciado por Jesús, el Hijo de Dios que vino a la Tierra en carne humana para anunciar el regreso y la restauración del Reino de los cielos en la Tierra.

3. *El rey se obliga a sí mismo por los principios de la Constitución.* Un rey y su palabra son lo mismo, y cuando habla, su palabra se vuelve la Constitución. Así que cuando la palabra de un rey es pronunciada (o escrita), el rey se obliga a llevarla a cabo.

Por esa causa La Biblia declara que cualquier cosa que Dios diga, la hará; y cualquier cosa que promete, está cumplida. Dios no puede fallar en cumplir su Palabra, porque si lo hiciera, dejaría de ser Dios.

4. *La Constitución contiene los derechos establecidos por el rey para los ciudadanos.* Además de los beneficios y privilegios de los ciudadanos del Reino, la Constitución también delinea y establece los derechos. Y estos son importantes porque son las bases para hacer las leyes, lo cual es el siguiente paso. Si le dijera: "Le doy mi auto, mi casa y mi barco", solamente le he expresado mi voluntad. Pero si luego lo documento en un papel, se convierte en un testamento. Ahora bien, debo asegurarme que las leyes existen para proteger lo que le di. A esa altura, llamaría a un abogado para que trace un documento formal, porque un abogado conoce la ley que protege el trozo de papel que declara mi voluntad para con usted. El abogado lo lee y se asegura de que esté escrita de una cierta forma en la que se integra al sistema de la sociedad con los derechos para protegerlo.

Luego, si alguien lo refuta, puede ir a la corte. La corte es la ley, y dice: "Este es un documento legal. Todo lo que está escrito aquí, tiene derecho a recibirlo. De modo que la Constitución contiene sus derechos y las leyes que los protegen. Por lo tanto, la Constitución es el *origen* de la ley, no la ley en sí misma.

Si Dios dice: "Te bendeciré, te prosperaré, haré tu nombre grande...", eso es Constitución. Si luego dice: "... si me obedeces y guardas mi Palabra, y caminas rectamente", le ha dado las leyes que establecen las condiciones para que se apliquen los beneficios y privilegios. El gobierno dice que usted es libre para comerciar, rentar, comprar propiedades, etc., siempre y cuando pague los impuestos, no quebrante la ley, obedezca el orden social y respete la propiedad ajena. Esas normas le dan a usted todos estos derechos constitucionales, pero dependen de que honre las leyes. En el Reino de los cielos no es distinto.

5. *La Constitución no puede ser cambiada por los ciudadanos, so-lamente por el rey.* Este principio debería estar perfectamente claro a esta altura, y no necesita mayor explicación.

6. *La Constitución es la referencia de la vida en el reino.* ¿Cómo se supone que deben vivir los ciudadanos del Reino? ¿Cuáles son los valores, la ética, el código moral y las normas de comportamiento, y dónde pueden ser hallados? En la Constitución. Las normas de Dios para la vida en su Reino se encuentran a lo largo de toda La Biblia. Normas tales como:

No tengas otros dioses además de mí. No te hagas ningún ídolo... No pronuncies el nombre del Señor tu Dios a la ligera... Acuérdate del sá-bado, para consagrarlo... Honra a tu padre y a tu madre... No mates. No cometas adulterio. No robes. No des falso testimonio en contra de tu prójimo. No codicies... (Éxodo 20:3-17).

Dichosos los pobres en espíritu, porque el reino de los cielos les pertenece. Dichosos los que lloran, porque serán consolados. Dichosos los humildes, porque recibirán la tierra como herencia. Dichosos los que tienen hambre y sed de justicia, porque serán saciados. Dichosos los compasivos, porque serán tratados con compasión. Dichosos los de corazón limpio, porque ellos verán a Dios. Dichosos los que trabajan por la paz, porque serán llamados hijos de Dios. Dichosos los perseguidos por causa de la justicia, porque el reino de los cielos les pertenece (Mateo 5:3-10).

7. *La Constitución contiene los estatutos del reino.* Los estatutos son normas fijas, predecibles. *Enséñame tus estatutos*, dice David el rey de Israel. Normalmente, donde la palabra *estatuto* aparece, hallaremos la palabra *ley* en la misma oración. Por eso decimos que una piedra tallada es una estatua. O la llamamos imagen; es lo mismo que estatua. Una estatua es permanente. Significa una imagen o modelo simplemente fijo, predecible. Piense en una estatua en su ciudad. ¿Cuándo llueve la estatua cambia? ¿Y si nieva? ¿Y si la temperatura sube a 100° C? Si la escupe,

la maldice, la odia, ¿cambia la estatua? Por supuesto que no. Sigue siendo la misma, sin importar lo que suceda.

Con un estatuto es igual. Por esa razón, las leyes se llaman estatutos. Un estatuto no se acomoda a los tiempos. No se ajusta al entorno. Permanece consistente dentro del entorno cambiante. Un estatuto no es afectado por las condiciones que lo rodean. Algunos piensan que la Constitución del Reino de los cielos necesita ser cambiada o reinterpretada para acomodarse a los tiempos, valores y costumbres modernas. Por el contrario, la Constitución del Reino es un modelo inamovible con el cual los valores, costumbres, creencias e ideas modernas deben medirse. Sin algunas normas justas, confiables, fijas, la sociedad colapsaría. Podemos ver las señales de esto a nuestro alrededor.

La Constitución contiene los estatutos del Reino. Una vez Jesús dijo estas palabras: *El cielo y la tierra pasarán, pero mis palabras jamás pasarán. Es más fácil que desaparezcan el cielo y la tierra, que caiga una sola tilde de la ley* (Lucas 21:33; 16:17). ¿A quién se le ocurre pensar que tenemos el derecho o la autoridad de cambiar o desplazar los estatutos que el Rey de los cielos ha establecido? Los religiosos podrán hacerlo todas las veces que quieran, porque no están realmente en el Reino. Los ciudadanos del Reino, no obstante, no pueden. Nuestra Constitución dice: *La palabra del Señor permanece para siempre* (1 Pedro 1:25a).

Principios

1. Todo reino tiene una Constitución.

2. La Constitución de un reino es la voluntad, los propósitos y planes del rey documentados.

3. En un reino, la Constitución es un *contrato real* que el rey tiene con sus súbditos, sus ciudadanos.

4. La Constitución de un reino es el documento que constituye los deseos del rey para con sus ciudadanos.

5. La Constitución de un reino constituye la voluntad expresa del rey.

6. La Biblia es la voluntad expresa del Rey por escrito. Es la Constitución de su Reino.

7. Las palabras del rey se vuelven la ley de la tierra.

8. La Constitución es la voluntad y el testamento del rey para sus ciudadanos.

9. La Biblia abarca los pensamientos documentados de Dios concerniente a sus ciudadanos: su voluntad, deseos y planes expresados para la raza humana que Él creó a su propia imagen.

Capítulo ocho

Concepto n.º 5 de Reino:
Acerca de la ley

En toda sociedad civil, *la regla de la ley* es el fondo de la cuestión del orden y la justicia social. Como observamos en los capítulos anteriores, una Constitución son las aspiraciones, deseos y esperanzas documentados del pueblo para ellos mismos (en el caso de una república democrática), y en un reino, las aspiraciones y deseos de un rey para sus ciudadanos. La ley se crea para proteger la Constitución y asegurar los derechos de los ciudadanos respecto de lo que ella les promete y garantiza.

Ninguna sociedad humana puede sobrevivir demasiado tiempo sin leyes. Eso es tan cierto para un reino como para cualquier otro sistema de gobierno. Siendo la naturaleza humana como es, las leyes son necesarias para mantener bajo control los instintos e impulsos básicos, proteger la decencia y la seguridad pública, y preservar la moral y el orden. Todo reino es gobernado mediante leyes. Ellas refuerzan y protegen las normas por las cuales el reino se mueve.

Como vimos en el capítulo anterior, las normas de operación de cualquier gobierno, un reino incluido, son codificados en un documento llamado Constitución. Este contrato delinea lo que el gobierno espera del pueblo y lo que el pueblo puede esperar del gobierno. También traza los límites de los derechos del pueblo. Estos necesitan ser protegidos, y ese es el propósito de las leyes. Las leyes de un país reflejan su Constitución, ya que ellas se derivan de los principios de esta. No solo protegen los valores y aseguran su cumplimiento, sino que además prescriben penalidades para aquel que viole las normas.

Para desarrollar una mejor comprensión del concepto general de un reino, es importante tener el conocimiento del origen, naturaleza y función de las leyes en un reino. Y como lo he hecho hasta ahora, continuaré usando el Reino de los cielos como modelo central. La Biblia, la Constitución dicho Reino, establece las normas de la vida allí. A diferencia de otras constituciones, no obstante, también delimita las penalidades para el incumplimiento de ellas. Además de ser una Constitución, La Biblia es también el libro de la ley del Reino de los cielos.

A menudo pensamos en las leyes como demandas molestas e inconvenientes que restringen nuestra libertad y limitan nuestras opciones. En realidad, las leyes están diseñadas para liberarnos de perseguir opciones ilimitadas, al proveernos un ambiente seguro en donde podemos vivir en paz, seguridad y confianza. La verdadera libertad está siempre circunscripta a límites, y las leyes definen esos límites. Dentro de ellos, somos libres de crecer, prosperar y alcanzar todo nuestro potencial.

Por ejemplo, mirando otra vez el pasaje que examinamos en diferentes contextos en el capítulo tres, consideremos algunos de los beneficios positivos que se derivan de las leyes del Rey:

La ley del Señor es perfecta: infunde nuevo aliento. El mandato del Señor es digno de confianza: da sabiduría al sencillo. Los preceptos del Señor son rectos: traen alegría al corazón. El mandamiento del Señor es claro: da luz a los ojos. El temor del Señor es puro: permanece para siempre. Las sentencias del Señor son verdaderas: todas ellas son justas. Son más deseables que el oro, más que mucho oro refinado; son más dulces que la miel, la miel que destila del panal. Por ellas queda advertido tu siervo; quien las obedece recibe una gran recompensa (Salmo 19:7-11).

¿Qué hace la *ley del Señor* por nosotros? Revive nuestro espíritu, nos da sabiduría y nos llena de gozo. Ilumina nuestra mente y nos llena de confianza por causa de su permanencia y rectitud. Nos enriquece con más riquezas que cualquier tesoro terrenal y nos deja un sabor dulce en nuestras bocas. Nos advierte sobre el peligro y la necedad que pueden destruir nuestras vidas y nos pone en la senda hacia *grandes recompensas.*

Si se lo permitimos, nutrirá completamente nuestro cuerpo, alma y espíritu. Jesús dijo:

Escrito está: No solo de pan vive el hombre, sino de toda palabra que sale de la boca de Dios (Mateo 4:4).

Eso significa que hay más en la vida que la comida. Necesitamos normas sólidas, confiables e inmutables por las cuales vivir; valores fundados en la verdad. Mucha gente hoy cuestiona o rechaza de plano la idea de la verdad absoluta. Bien, a pesar de lo que ellos piensen, La Biblia es absolutamente verdad, y todo lo que hay en ella obrará para nuestro bien si la obedecemos. No hay ley en La Biblia que no sea buena para el bienestar general de la humanidad. Por cierto, La Biblia es el mejor regulador de la sociedad civil, aunque la mayoría de las sociedades mundiales rechacen su sabiduría e insistan en escoger su propio camino. Llevaría mucho tiempo explicar el lío que hay en nuestro mundo hoy. Necesitamos echar un vistazo más de cerca al concepto de reino acerca de la ley.

SIETE PRINCIPIOS ACERCA DE LA LEY

1. *Toda la creación fue diseñada para funcionar por medio de principios inherentes.* Inherente significa incorporado, existente desde el principio. En otras palabras, las leyes del Rey de los cielos están incorporadas en la misma estructura de la creación y determinan precisamente como funciona toda la creación. Los científicos hablan de las leyes de la naturaleza, las leyes de la física, la ley de la gravedad, de la termodinámica, y muchas otras para explicar cómo obra la naturaleza. Es en este sentido que las leyes son observables, mensurables y repetibles, porque nunca cambian. Todo lo que Dios creó fue diseñado para funcionar por ciertos principios inherentes o incorporados.

2. *Estos principios se llaman "leyes naturales"*. Las leyes naturales tienen que ver con leyes concernientes a la naturaleza de algo. Por ejemplo, a las aves no hay que enseñarles a volar: esa habilidad es inherente a ellas como una ley natural. En el mismo sentido, a los peces no se les enseña a nadar; ellos poseen la habilidad de nadar como una ley inherente. El mismo principio se aplica a las plantas cuando producen semillas que reproducen nuevas plantas iguales a la original.

3. *La ley natural es la normativa para el funcionamiento efectivo de todo lo que Dios ha creado*. Si el ave sigue la ley de la naturaleza, vivirá y se reproducirá. Si las plantas la siguen, crecerán y producirán frutos. Dios puso esas leyes en la naturaleza, y mientras que las aves y las plantas las sigan, prosperarán y florecerán. La violación a las leyes naturales, por otra parte, conduce a la disfunción. Saque a un pez del agua y verá qué mal anda. Se morirá, ya que el pez ha sido diseñado para vivir y respirar bajo el agua, y no fuera de ella. Así que las leyes naturales son muy importantes; son el modelo para determinar un funcionamiento efectivo.

4. *Las leyes son la clave para una existencia exitosa y la garantía para el cumplimiento del propósito*. La obediencia a las leyes promueve la prosperidad y asegura el éxito. Todo lo que un pájaro tiene que hacer para cumplir su propósito es volar y reproducirse; y estas dos funciones están gobernadas por leyes naturales. Toda planta y criatura en la Tierra tendrán éxito y cumplirán su propósito simplemente por obedecer la ley natural dentro de ellas. No es diferente con nosotros. Siempre y cuando reconozcamos las leyes de Dios y nos sometamos voluntariamente a vivir y obedecerlas, también tendremos éxito y cumpliremos nuestro propósito en el diseño de Dios. Comprenderemos todo nuestro potencial.

5. *Las leyes protegen el propósito*. Cuando obedecemos las leyes, protegemos el propósito para el cual nacimos. Mientras un pez esté en el agua, será capaz de sobrevivir y prosperar. Igual sucede con la semilla en el suelo, brotará, crecerá y prosperará.

Con las aves en el aire y mientras haya espacio para volar, cumplirán su propósito y prosperarán. Mientras que nosotros obedezcamos las leyes de Dios, también viviremos, creceremos y prosperaremos.

Por favor, comprenda que cuando hablo de obedecer las leyes de Dios para vivir y prosperar, no sugiero que podamos "ganar" nuestra posición correcta para con Dios, haciendo buenas obras u observando estrictamente algún código de reglas o estatutos. La única forma de alinearnos correctamente con Dios es cambiando nuestra mentalidad y volviéndonos de nuestra rebelión contra Él, lo cual *La Biblia* llama *arrepentimiento*, depositando nuestra confianza en la muerte de Jesús para quitar la culpa de nuestra rebeldía abandonando nuestra confianza en nosotros mismos, y reconociéndolo como Señor, dueño, de nuestras vidas. Al obedecer las leyes de Dios, es decir, vivir en sometimiento voluntario a Él como Rey y Señor y honrando su Palabra como la norma inamovible de referencia para nuestras vidas.

Así que, ¿cuáles son las leyes de Dios que debemos obedecer? Todas ellas, por supuesto, y hay unas cuantas. Pero aquí están las dos más importantes:

Ama al Señor tu Dios con todo tu corazón y con toda tu alma y con todas tus fuerzas (Deuteronomio 6:5).

Ama a tu prójimo como a ti mismo (Levítico 19:18b).

Jesús mismo identificó estos como los dos mandamientos más importantes en la ley de Dios. El embajador del Reino, el apóstol Pablo, en el contexto de una discusión sobre la responsabilidad de los ciudadanos del Reino hacia las autoridades civiles terrenales, comentó este segundo versículo diciendo:

El amor no perjudica al prójimo. Así que el amor es el cumplimiento de la ley (Romanos 13:10).

Obedezca la ley y ella lo protegerá. Desobedézcala y se arriesgará a sacrificar su propósito.

6. *El propósito de la ley es proteger el acuerdo constitucional.* La ley existe para asegurar que las provisiones de la Constitución sean llevadas a cabo de manera consistente, equitativa y sin prejuicios para todos los ciudadanos. Por ejemplo, la Constitución garantiza que cada ciudadano tiene el derecho de no ser acusado de un crimen hasta tanto no sea probado culpable. La ley del juicio por jurado está diseñada para proteger ese derecho constitucional de cada ciudadano. En el Reino de los cielos, las leyes de Dios están diseñadas para proteger y asegurar el cumplimiento de todos los términos de acuerdo que Dios tiene con su creación. Para romper un pacto, primero tuvo que haber un juramento de fidelidad entre las partes que entraron en el pacto. Porque el pacto de Dios con el hombre es unilateral, es decir, nosotros entramos libremente en un pacto que Él ya había establecido, solamente Él puede jurar fidelidad. Y La Biblia dice que, de cierto, eso es lo que Él ha hecho:

Cuando Dios hizo su promesa a Abraham, como no tenía a nadie superior por quien jurar, juró por sí mismo, y dijo: 'Te aseguro que te bendeciré y te daré muchos descendientes'. Y así, después de esperar con paciencia, Abraham recibió lo que se le había prometido. Por eso Dios, queriendo demostrar claramente a los herederos de la promesa que su propósito es inmutable, la confirmó con un juramento (Hebreos 6:13-15, 17).

El pacto constitucional del Reino de los cielos está respaldado por las leyes de Dios, las cuales con expresiones de su palabra inmutable e inconmovible.

7. *Las leyes con las condiciones del pacto.* Son los términos bajo los cuales, de ser guardados, el pacto funcionará. Casi todo lo que compramos en estos días viene con acuerdo de leyes y

condiciones llamado *garantía*. El fabricante garantiza que si el producto es usado según los términos específicos y condiciones de uso o funcionamiento funcionará tal como fue diseñado. Si ellos son quebrados, la garantía o *acuerdo* queda nulo, y aunque el producto no funcione correctamente, el fabricante queda libre de responsabilidad.

No es diferente en el Reino de los cielos. El pacto del Rey con nosotros especifica las bendiciones y beneficios de conformidad, así como también las consecuencias y penalidades por la no conformidad. Mientras que observemos las condiciones del pacto, todas las bendiciones y beneficios del pacto estarán activas en nuestras vidas. Si violamos el pacto, *la Cláusula de bendiciones* queda sin efecto y la *Cláusula de consecuencias* entra en acción.

LAS PALABRAS DE LA LEY DEL REY

Como dije anteriormente, las leyes se fabrican en la misma fibra de la creación. Todo en el mundo natural opera según principios inherentes. Lo mismo es cierto en el mundo espiritual. El Reino de los cielos es como cualquier otro gobierno en el sentido de que tiene leyes para proteger y asegurar que todo funcione según el plan de Dios. Las leyes establecen el Reino de Dios. Y fueron puestas en su lugar mucho antes de que el primer humano llegara a la Tierra. Y aun así, con frecuencia, tenemos la arrogancia y la altivez de cuestionar a Dios o desafiarlo por sus leyes y la forma en que maneja las cosas.

El personaje bíblico Job intentó esto, y le valió una fuerte reprensión por parte del Rey. Afligido por sus llagas, penando la muerte prematura de todos sus hijos y criticado despiadadamente por sus mejores "amigos", que le exhortaban a que confesara sus pecados delante de Dios, Job resistió, demandando llevar su caso delante de Dios mismo. Sabía que era inocente de todo mal proceder y no podía entender por qué estaba sufriendo. En medio de su dolor e indignación, Job terminó tratando de decirle a Dios algunas cositas. Allí fue cuando Dios se pronunció y "acomodó" el pensamiento de Job:

El Señor le respondió a Job desde la tempestad. Le dijo: '¿Quién es este, que oscurece mi consejo con palabras carentes de sentido? Prepárate a hacerme frente; yo te cuestionaré, y tú me responderás. ¿Dónde estabas cuando puse las bases de la tierra? ¡Dímelo, si de veras sabes tanto! ¡Seguramente sabes quién estableció sus dimensiones y quién tendió sobre ella la cinta de medir! ¿Conoces las leyes que rigen los cielos? ¿Puedes establecer mi dominio sobre la tierra?' (Job 38:1-5, 33).

En otras palabras, Dios decía: "Job, ¿cómo te atreves a preguntarme por mis leyes? ¡Tú ni siquiera existías cuando Yo las hice! ¿Quién eres tú para desafiarme a mí?" No es bueno que un producto desafíe al fabricante: "¿Por qué hiciste las cosas así y así?" Esa es prerrogativa del fabricante. Cuando usted compra un auto con un mecanismo interno de combustión, ha aceptado la *ley* de que requiere gasolina para funcionar. Esa fue la decisión del fabricante, no suya. No importa cuánto lo intente o desee que fuera de otra forma, el auto no arranca si le carga otra clase de combustible. Por eso es necio tratar de desafiar a Dios y no tiene sentido intentar cambiar sus leyes. Las leyes de Dios estaban allí mucho antes que nosotros, y seguirán allí mucho después de que nos hayamos ido.

Las leyes están incorporadas en la creación. Y siempre llevan consecuencias cuando son violadas. Si uno trata de desafiar la ley de la gravedad, saltando de un segundo piso, quedará todo dolorido ¡si logra sobrevivir a la caída! Cuando violamos la ley, recibimos la pena que merecemos. Dios no tiene que juzgarnos, la ley lleva su propio *juicio* incorporado.

Recuerde: la palabra del rey es ley en su reino. Cuando está escrito, se llama testamento y cuando es repetido verbalmente, constituye un mandamiento:

Moisés fue y refirió al pueblo todas las palabras y disposiciones del Señor, y ellos respondieron a una voz: 'Haremos todo lo que el Señor ha dicho'. Moisés puso entonces por escrito lo que el Señor había dicho (Éxodo 24:3).

Las palabras y disposiciones o leyes que Moisés habló al pueblo fueron los Diez Mandamientos y leyes relacionadas que están registradas en los capítulos anteriores de Éxodo. Como todas las leyes de Dios, los Diez Mandamientos no son dictados religiosos. Hay leyes establecidas por el Rey de la creación para determinar cómo debe funcionar la dimensión natural y cómo los humanos deberían relacionarse con Dios y con el prójimo.

EL SIGNIFICADO DE LA LEY

¿Qué es exactamente la ley? La forma hebrea más básica de la palabra *ley* es *torah*, que también significa dirección e instrucción. Con el tiempo, la palabra *torah* se usó para referirse al cuerpo entero de la ley que Moisés recibió de Dios en el Monte Sinaí y les transmitió a los israelitas. En ese uso *torah* significa *la ley, la dirección,* e incluso la *Ley del Señor*[1]. En el Nuevo Testamento hallamos dos palabras griegas que se usan para *ley*. La primera es *nomos*, que significa *dividir, distribuir* y también *aquello que es asignado*. Gradualmente vino a significar *uso* y *costumbre* y, eventualmente, *ley prescrita por costumbre o por estatuto*[2]. Esta es la palabra de donde obtenemos la palabra *norma*.

Todo lo que se vuelve aceptado como una *norma en* nuestra sociedad eventualmente su vuelve una *ley de* nuestra sociedad. Si estamos expuestos por suficiente tiempo a una cierta idea o un comportamiento al cual no estamos acostumbrados, eventualmente nos acostumbramos a ella y comenzamos a aceptarla. Una vez que lo aceptamos, comenzamos a pensar que es *normal*, o una *norma*. Y una vez que lo vemos como una norma, comenzamos a *esperarlo*. Una vez que llegamos a esperarlo, en términos prácticos no es diferente a una ley, aun si nunca es formalmente establecida como estatuto legal.

Dependiendo de la naturaleza de la idea o comportamiento, este proceso podría ser peligroso ya que la sociedad podría terminar recomendando y normalizando la maldad o inmoralidad. Esto es precisamente lo que ha sucedido y está sucediendo en la cultura occidental respecto a temas como el derecho de los homosexuales al matrimonio, derecho al aborto, suicidio asistido, investigación de células embrionarias madre y otros por el estilo.

Las leyes de Dios han sido diseñadas para impedir que aceptemos y normalicemos cosas malas, asignándoles la fuerza de la ley en nuestra sociedad. Esta es la naturaleza protectora de las leyes. Impiden que ideas y conductas contrarias a la Constitución y al bien del pueblo y del Estado se conviertan en una influencia dominante. En otras palabras, las leyes de Dios están diseñadas para proteger a toda la comunidad.

Por eso el pecado y la violación de la ley nunca afecta solo a la persona que lo comete directamente, sino también a muchos otros. Es como un efecto de onda expansiva. Nuestras acciones, buenas o malas, afectan a aquellos que están a nuestro alrededor en formas que jamás sabremos. Cuando los israelitas atacaron la ciudad de Hai durante su conquista a la tierra de Canaán, el pecado de *un hombre*, Acán, llevó a la derrota a toda la comunidad. Solo después de que la comunidad israelita tratara con el pecado de Acán, fue capaz de alcanzar la victoria (vea Josué capítulos 7-8). Las leyes de Dios tienen aplicación *personal* con ramificaciones *nacionales*.

Otro significado de *nomos* es aquel de una ley decretada y establecida por un Estado. Esta definición se aplica perfectamente al Reino de los cielos, porque ese Reino es un Estado; es un país. Para los ciudadanos del Reino de los cielos, La Biblia es el *nomos*, la ley decretada y establecida del Reino con la que estamos comprometidos y obligados a obedecer. Es un error creer que La Biblia es un libro religioso. No lo es en absoluto. La Biblia es un libro de leyes, las leyes que Dios ha establecido y expuesto en forma escrita para definir y proteger a su Reino así como también proteger, preservar y liberar a la comunidad entera de la humanidad.

La segunda palabra griega para *ley* en el Nuevo Testamento es *ethos*, que significa *costumbre*. Cada vez que hablamos de algo que es una costumbre, se trata de *ethos*. Las leyes de Dios se supone que son habituales para nosotros. Se supone que es habitual para nosotros no mentir, robar o codiciar. Se supone que es nuestra costumbre perdonar y amar a nuestros enemigos así como también al prójimo. *Ethos* es menos formal que *nomos*. De hecho, mientras que *nomos* significa más una ley decretada y establecida, *ethos* se usaba para describir una ley *no escrita*. Las leyes más poderosas de todas son las que no están escritas. En toda cultura, las costumbres generalmente llevan el peso social de la ley incluso sin un establecimiento legal o formal. Y las costumbres muy a menudo tienen mayor influencia en la conducta de la gente que cualquier ley formal que esté en los libros.

Dios nunca planeó escribir ninguna de sus leyes para nosotros. Él no quería que tuviéramos que leer para poder vivir. No había ley escrita en el jardín del Edén, ni tampoco para Abraham, ninguna ley escrita en absoluto para el pueblo del pacto hasta los días de Moisés. La intención del Rey de los cielos era escribir sus leyes en nuestros corazones y mentes, de modo que nadie tuviera que enseñarnos. Fue la rebeldía de la humanidad y la separación de Dios lo que hizo necesario una ley por escrito. Necesitábamos algo que frenara nuestra naturaleza e instintos y nos impidiera destruirnos por el egoísmo incontrolable, la pasión y la violencia.

El objetivo del Rey nunca ha cambiado. A pesar de la rebeldía de la humanidad, su propósito original todavía permanece:

Éste es el pacto que después de aquel tiempo haré con el pueblo de Israel afirma el Señor: Pondré mi ley en su mente, y la escribiré en su corazón. Yo seré su Dios, y ellos serán mi pueblo (Jeremías 31:33).

Este propósito permanente del Rey se cumple en el nuevo pacto a través de Jesucristo.

LEY NATURAL CONTRA LEY ESCRITA

Dios planeó la ley como algo natural. Para entender el Reino de los cielos, es importante también entender la distinción entre la ley natural y la escrita.

Primero que nada, la ley escrita es necesaria no solo cuando la ley natural está ausente. Si nosotros, los seres humanos, fuéramos todos cumplidores de la ley por naturaleza, entonces no habría necesidad de una ley escrita. Pero como vimos anteriormente, nuestra rebelión contra Dios destruyó el gobierno de la ley natural en nuestras vidas e hizo necesaria la ley escrita –así como también el gobierno humano– para proteger la sociedad y detener la maldad.

Segundo, el propósito de la ley escrita es restaurar la ley natural a la conciencia. Por causa de nuestra rebeldía contra Dios, perdimos el conocimiento instintivo y el entendimiento de la ley natural. Nuestras conciencias se corrompieron y nuestra semejanza al Hacedor extremadamente deslucida y distorsionada. Cosas que eran naturales al comienzo, ahora se han convertido en *antinaturales*. Por ejemplo, consideramos la generosidad como una virtud, una cualidad positiva que admiramos en otros y aspiramos para nosotros mismos. ¿Por qué? Porque *no* es un rasgo humano *natural*, al menos ya no más. Dios nunca le ordenó a Adán ser generoso y dar. ¿Por qué no? Porque el dar venía naturalmente con Adán. Un espíritu generoso era inherente a él ya que estaba hecho a la imagen de Dios, su Creador, y Dios es generoso por naturaleza. Pero después de la rebelión, la humanidad se volvió codiciosa, detestable, abusiva, tacaña, avara y acaparadora. Necesitamos una ley para restaurarnos en la conciencia el concepto de dar.

Tercero, a veces nos referimos a la ley natural como *el espíritu de la ley*. Esto refleja el deseo de Dios de que sus leyes, los valores de su Reino, se conviertan en las normas de nuestra sociedad. Recuerde: la Tierra es una colonia del Cielo, y las leyes del Rey de los cielos deberían aplicarse aquí tanto como lo hacen allí. Las leyes forman a la sociedad porque ellas determinan las relaciones sociales.

Hay una diferencia entre la ley y el espíritu de la ley. El espíritu de la ley se refiere a la intención original, el propósito que estaba en la mente del Legislador en el principio. Por lo tanto, es la esencia inherente al propósito original e intención de la ley. Como tal, es siempre superior y más amplio que la letra de la ley. Por esta razón la mayor forma de ley es la no escrita. La ley no escrita es un producto del espíritu de la ley. Cuando una ley tiene que ser escrita, es porque la gente es desobediente. La ley escrita es una señal de que el pueblo ha perdido de vista el espíritu de la ley, es decir la intención original. De modo que donde está el espíritu de la ley no hay necesidad de una ley escrita.

Toda nación es solamente tan buena como las leyes que promulga. La ley da a luz la sociedad, y cualquier clase de sociedad que queramos será determinada por las leyes que hagamos. Cuanto peores sean las leyes, peor será la nación. Sin embargo, las leyes malas no causan la decadencia social, moral y espiritual de una nación. Ellas simplemente reflejan una decadencia que ya está en marcha. Las leyes reflejan la condición en que se encuentra una nación.

Por eso es tan importante para nosotros como ciudadanos del Reino que recobremos el entendimiento del espíritu de la ley, la ley natural. La ley natural es el principio operativo fundamental del Reino de los cielos.

Las leyes del Rey protegen y preservan no solo a su Reino, sino también los beneficios y privilegios del Reino que están reservados para los ciudadanos del Reino. Pero aprender a apropiárnos de ellos incluye mucho más que solo saber lo que son. Debemos también aprender las *claves* del Reino que revelan nuestros beneficios y privilegios y los hacen activos en nuestras vidas.

---

1. W. E. VINE, Merril F. UNGER y William WHITE Jr., *Diccionario Expositivo de Palabras del Antiguo y Nuevo Testamento*, Nashville, Thomas Nelson Publishers, 1996, sección del Antiguo Testamento, pp. 133-34.

2. Ibídem, sección del Nuevo Testamento, p. 354.

Principios

1. Todo reino es gobernado mediante leyes.

2. La *Biblia* es el libro de las leyes del Reino de los cielos.

3. El Reino de los cielos tiene leyes que lo protegen y aseguran que funcione de acuerdo con los intereses de Dios.

4. Las leyes están incorporadas en la creación.

5. Lo que llega a ser aceptado como una *norma en* nuestra sociedad eventualmente se convertirá en una *ley de* nuestra sociedad.

6. Las leyes de Dios están diseñadas para impedirnos aceptar y normalizar la maldad, asignándole la fuerza de la ley en nuestra sociedad.

7. Las leyes de Dios son de aplicación *personal* con ramificaciones *nacionales*.

8. La ley escrita es necesaria solo cuando la ley natural está ausente.

9. El propósito de la ley escrita es restaurar la ley natural a la conciencia.

10. A veces nos referimos a ley natural como *El espíritu de la ley*.

11. Las leyes forman la sociedad porque determinan las relaciones sociales.

12. El espíritu de la ley es la esencia inherente a su propósito original e intención.

13. Toda nación es solamente tan buena como las leyes que promulga.

14. La ley natural es el principio operativo fundamental del Reino de los cielos.

Capítulo nueve

Concepto n.º 6 de Reino: Acerca de las llaves

Toda nación y sociedad civil funcionan sobre la base de leyes y costumbres que las hacen ser lo que son. Esas funciones dependen de la Constitución y un cuerpo de leyes que crean un contexto y una referencia para el comportamiento social y para relacionarse con el gobierno y otros miembros de la sociedad. El resultado es una cultura de leyes y principios que sirven como regulaciones, valores, morales y normas que gobiernan la relación del ciudadano con la estructura de autoridad y su disposición y que se relacionan con las expectativas dentro del marco constitucional. En síntesis, todas las naciones y reinos contienen principios y leyes inherentes que deben seguir todos los ciudadanos, a fin de poder beneficiarse con los privilegios y derechos de la ciudadanía. Esas leyes y principios son llamados por Jesús *las llaves del Reino*.

¿Alguna vez ha encontrado unas llaves viejas en la casa, sin poder recordar para qué servían? Poseer una llave que no podemos identificar o relacionar con alguna cerradura en particular es tan malo como no tener ninguna. ¿Qué tan buenas son las llaves si no puede usarlas? Son inútiles como las cerraduras que no se pueden abrir.

Este es exactamente el problema con muchos creyentes en la actualidad. Tenemos un inmenso juego de "llaves" llamado Las Escrituras, que la mayoría de nosotros no sabemos cómo usar. Tenemos las llaves, pero no sabemos cuál abre qué cerradura. Es como tener toda esta información, pero no saber usarla, teniendo todo este poder disponible, pero sin el conocimiento sobre cómo aplicarlo.

El conocimiento de La Palabra de Dios es importante, pero insuficiente por sí mismo para vivir como creyentes. Por eso muchos cristianos carecen de una correcta mentalidad de Reino. La vida en el Reino es realmente sobre restaurar la autoridad de gobierno de Dios en la Tierra y aprender a vivir y obrar con esa autoridad. Parte de ese entendimiento del Reino tiene que ver con aprender a usar las llaves del Reino.

El Reino de los cielos es el deseo y propósito de Dios para nosotros. Jesús dijo:

No tengan miedo, mi rebaño pequeño, porque es la buena voluntad del Padre darles el reino (Lucas 12:32).

Nuestro Padre, el Rey de los cielos, nos ha dado el Reino. Es nuestro. De hecho, Jesús mismo nos lo trajo. Ese fue su principal propósito al venir a la Tierra en cuerpo humano. Recibimos el Reino a través de su muerte. En el momento en que nos volvemos de nuestra rebelión contra Dios y depositamos nuestra confianza en Cristo para salvarnos de las consecuencias de esa rebelión, nos naturalizamos ciudadanos del Reino de los cielos, con todos los derechos, beneficios y privilegios que vienen con la ciudadanía. ¿Pero cómo nos apropiamos de nuestros derechos? ¿Cómo entramos en el disfrute pleno de nuestros beneficios y privilegios? ¿Cuáles son las llaves para una vida efectiva en el Reino?

LAS LLAVES DEL REINO

Un día Jesús les preguntó a sus discípulos, su círculo de doce seguidores más íntimos, la pregunta más importante que podría haberles hecho jamás.

Cuando llegó a la región de Cesarea de Filipo, Jesús preguntó a sus discípulos: '¿Quién dice la gente que es el Hijo del hombre?' Le respondieron: 'Unos dicen que es Juan el Bautista, otros que Elías, y otros que Jeremías o uno de los profetas'. 'Y ustedes, ¿quién dicen que soy yo?' 'Tú eres el Cristo, el Hijo del Dios viviente', afirmó Simón Pedro. 'Dichoso

tú, Simón, hijo de Jonás —le dijo Jesús—, porque eso no te lo reveló
ningún mortal, sino mi Padre que está en el cielo. Yo te digo que tú eres
Pedro, y sobre esta piedra edificaré mi iglesia, y las puertas del reino de
la muerte no prevalecerán contra ella. Te daré las llaves del reino de los
cielos; todo lo que ates en la tierra quedará atado en el cielo, y todo lo que
desates en la tierra quedará desatado en el cielo' (Mateo 16:13-19).

En la fe judía de aquellos tiempos, los títulos *Cristo* e *Hijo del Dios*
viviente estaban reservados exclusivamente para el Mesías, el libertador de Israel y la esperanza del mundo que había sido profetizado
por siglos. Así que Simón Pedro aquí confesaba su fe de que Jesús
era el Mesías: Jesús le dice a Pedro que no había llegado a este conocimiento por sí mismo; le había sido dado a través de una revelación
sobrenatural.

Entonces Jesús dice que sobre la roca de la confesión de fe de Pedro, edificaría su iglesia. La palabra griega para *iglesia* es *ecclesia*, una
palabra que a menudo es malinterpretada. Porque aquí está traducida como iglesia, la mayoría cree que *ecclesia* es un término religioso.
Pues no lo es. *Ecclesia* es un término gubernamental. Literalmente
significa *llamados afuera* y era usado por los griegos para referirse al
senado u otros grupos políticos que eran elegidos por los *demócratas*
o el gobierno. Los griegos inventaron el concepto de democracia,
pero nunca lo aplicaron verdaderamente. Pero cuando los romanos
invadieron el imperio griego, adoptaron gran parte del pensamiento
y la filosofía griegas, incluyendo la democracia, y los desarrollaron.
Por esa razón, César desarrolló un gobierno tan poderoso.

En el Imperio romano, el Senado, la *ecclesia*, era como el gabinete de
ministros en una democracia moderna. El senado era la central eléctri-
ca. Aquellos individuos eran escogidos a dedo por el emperador para
recibir sus pensamientos, deseos, pasión y planes. Su trabajo era tomar
la mente del rey y transformarla en legislación que pudiera ser imple-
mentada en el reino. En otras palabras, tenían que conocer su mente
y ver que todo lo que él deseaba fuera llevado a cabo. Esto significaba
que tenían que estar en contacto cercano con él. Tenían que hablarle, y
él tenía que darles información sobre lo que quería en su reino.

LOS PRINCIPIOS DEL REINO

El hecho de que Jesús usara *ecclesia* para describir el cuerpo de seguidores que Él estaba estableciendo nos revela dos cosas: primero, que la palabra *iglesia* en sí misma es un término de índole política más que religiosa. Y, segundo, toda esta charla sobre las llaves y sobre atar y desatar no es una discusión religiosa sino política.

En efecto, Jesús decía: "Del mismo modo en que el César es señor de su gobierno, y ha creado su senado, su *ecclesia*, su gabinete, Yo también construiré mi gabinete sobre el hecho de que Yo soy el Cristo, el rey ungido, el Señor de señores e Hijo del Dios viviente". Le dijo a Pedro: "Sobre la roca de la confesión de quién soy Yo, construiré mi gobierno. Construiré mi senado, mi gabinete, mis administradores que llevarán a cabo mis deseos y voluntad". Entonces Jesús estableció no una religión sino una fuerza política.

La *ecclesia*, por lo tanto, es un grupo secreto al que se le ha confiado información crítica secreta para el funcionamiento del Reino. Este grupo será tan poderoso que aun *las puertas del Hades no prevalecerán contra ella*. Otra forma de traducir esta frase es: *Las puertas del Hades demostrarán que no son más fuertes que ella*. Hasta el mismo infierno no será tan fuerte como la *ecclesia* que Jesús establece.

¿Cuál es esta "información secreta" que Jesús le da a su gabinete? Él dice: *Te daré las llaves del reino de los cielos; todo lo que ates en la tierra quedará atado en el cielo, y todo lo que desates en la tierra quedará desatado en el cielo.* Él nos da las llaves del Reino, no las llaves para el Reino. Como ciudadanos del Reino, ya estamos dentro del Reino; no necesitamos las llaves para entrar. Lo que sí necesitamos, y Jesús nos ha dado, son las llaves del Reino, las que desatan su poder y lo hacen obrar en nuestras vidas. Los ciudadanos del Reino y *solo* ellos poseen estas llaves. La ciudadanía en el Reino es un prerrequisito para obtenerlas.

Eso significa que los ciudadanos del Reino deberíamos operar en un nivel que le volaría la tapa de los sesos a cualquiera. Deberíamos tener acceso a un poder que dejaría pasmados a los que todavía no pertenecen al Reino. Se supone que debiéramos estar viviendo la vida en un cierto nivel en donde tengamos acceso a recursos que otros no pueden explicar.

CONOCIMIENTO DE LOS SECRETOS

La clave para las llaves es *no tener* llaves. La clave es el *conocimiento*, saber para qué son las llaves y cómo usarlas. En otra ocasión Jesús le dijo a su "gabinete":

A ustedes se les ha concedido que conozcan los secretos del reino de Dios (Lucas 8:10a).

El Reino de los cielos no es una sociedad secreta, pero hay que aprender a usar sus llaves. Un secreto es algo que uno no sabe, especialmente en contraste con alguien que sí. Los milagros entran en esta categoría. Un milagro es algo que los humanos no podemos explicar, un suceso u incidente que parece desafiar las leyes de la naturaleza. Esos hombres habían visto a Jesús caminar sobre las aguas, sanar enfermos, resucitar muertos, secar un árbol hablándole, calmar una tormenta, multiplicar el pan, y muchas otras cosas *milagrosas* que estaban más allá de lo comprensible humanamente.

Pero para Jesús, ninguno de esos eran milagros, sin embargo dijo: "No son milagros; simplemente uso las llaves. Sé como ponerlas en su cerradura, y ellas abren la prosperidad, la sanidad, la paz y la autoridad. Mírenme y verán el Reino en acción, y también lo que debería ser normal para ustedes. Mi Padre les ha dado el conocimiento de los secretos del Reino. Yo les enseñaré a usar las llaves".

Jesús no dejó dudas de que el Reino estaba para trabajar a favor de su *ecclesia* así como había obrado para él, porque la noche anterior a su muerte, les dijo:

Ciertamente les aseguro que el que cree en mí las obras que yo hago también él las hará, y aun las hará mayores, porque yo vuelvo al Padre. Cualquier cosa que ustedes pidan en mi nombre, yo la haré; así será glorificado el Padre en el Hijo (Juan 14:12-14).

La *ecclesia* de Jesús (y eso nos incluye) iba a hacer las mismas cosas que Él estaba haciendo, y más, porque el Espíritu Santo que vendría después que Él se hubiera ido, les mostraría las llaves del Reino y cómo usarlas. Una llave significante está incrustada en este pasaje: la que abre los "depósitos" de los cielos. Es la oración, pedir *en el nombre de Jesús*, y *cualquier cosa* que pidamos será hecha. Esa es una promesa amplia, pero ciertamente no es un modo de gratificar nuestros deseos egoístas. Debemos usar la llave correcta. Debemos pedir en el nombre de Jesús, conforme a su voluntad y alineados con su propósito. Eso es lo que abrirá las compuertas de los cielos.

Los doce discípulos de Jesús ya habían visto esta llave activada en una forma inolvidable en el día en que Jesús alimentó a cinco mil personas con solo cinco panes y dos peces. La multitud había estado con Jesús todo el día, escuchando sus enseñanzas. Ahora se había hecho tarde, y tenía hambre. Los discípulos sugirieron que los enviase a las aldeas a conseguir comida, pero Jesús tuvo otra idea. Preparó todo para enseñarles cómo usar una llave:

> *'No tienen que irse', contestó Jesús. 'Denles ustedes mismos de comer'. Ellos objetaron: 'No tenemos aquí más que cinco panes y dos pescados'. 'Tráiganmelos acá', les dijo Jesús. Y mandó a la gente que se sentara sobre la hierba. Tomó los cinco panes y los dos pescados y, **mirando al cielo, los bendijo.** Luego partió los panes y se los dio a los discípulos, quienes los repartieron a la gente. Todos comieron hasta quedar satisfechos, y los discípulos recogieron doce canastas llenas de pedazos que sobraron. Los que comieron fueron unos cinco mil hombres, sin contar a las mujeres y a los niños* (Mateo 14:16-21, énfasis añadido).

Jesús usó esta situación para probar a sus discípulos y ver si ellos tomaban los secretos. Les dijo: *Denles ustedes de comer.* Esa era la prueba. Ellos debían haber preguntado: "¿Qué llave usamos?" En cambio, dijeron: *No tenemos más que....* Estaban limitados por lo que *veían.* Pero en el Reino de los cielos no andamos por vista sino por fe. La lección que Jesús quería que ellos, y nosotros, aprendieran era que cuando conocemos las llaves a los secretos del Reino, nunca más diremos: "Todo lo que tengo es...".

Mire la progresión: Jesús alzó la vista al cielo y dio gracias. Puso la llave de la oración y abrió los depósitos. Luego partió el pan, se los dio a sus discípulos, y ellos lo distribuyeron entre la gente. Debería operar de la misma manera para nosotros. A través de la oración en el nombre de Jesús –la llave– abrimos los depósitos celestiales. El Rey mismo saca de su abundancia y nos lo da, y nosotros se los damos a los demás.

Pero tenemos que conocer la llave que abre los depósitos. Ese conocimiento es la promesa de Cristo a nosotros: *A ustedes se les ha concedido que conozcan los secretos del reino de Dios.*

Siete principios de las llaves

El conocimiento nos lleva al entendimiento. Una vez que sabemos los principios que hay detrás de las llaves, podemos entender cómo operan en el Reino. Hay varios principios que definen las propiedades de las llaves.

1. *Las llaves representan autoridad.* Si posee la llave de un lugar significa que usted tiene autoridad en ese lugar. Suponga que su jefe le confía las llaves de la oficina. Al hacerlo, le muestra que no solo confía en usted sino que además le ha delegado un cierto grado de autoridad. Las llaves de su casa significan que tiene autoridad allí. La de su auto le da la autoridad para conducirlo cada vez que desee. Cristo dice: "Te estoy dando las llaves del Reino de los cielos. Te doy la misma autoridad que Yo tengo". ¡Qué asombroso regalo! Pocos de nosotros solamente hemos arañado la superficie en cuanto a comprender todo lo que esto significa.

2. *Las llaves representan acceso.* Una llave le da acceso instantáneo a todo lo que esa llave abre. El secreto está en saber qué es lo que abre la llave. Ellas nos dan inmediato acceso a todos los recursos del Cielo. Pero tenemos que saber cómo usarlas. A menudo nos limitamos confiando o creyendo solo en lo que podemos ver con nuestros ojos o razonar con nuestras

mentes. Una mentalidad de Reino cambia completamente nuestra perspectiva.

Cuando un rey pagano envió a su ejército a capturar al profeta hebreo Eliseo, los siervos del profeta estaban aterrados una mañana al descubrir que el ejército estaba rodeando la ciudad.

> *¡Ay, mi señor!', exclamó el criado. '¿Qué vamos a hacer?' 'No tengas miedo', respondió Eliseo. 'Los que están con nosotros son más que ellos.' Entonces Eliseo oró: 'Señor, ábrele a Guiezi los ojos para que vea'. El Señor así lo hizo, y el criado vio que la colina estaba llena de caballos y de carros de fuego alrededor de Eliseo. Como ya los sirios se acercaban a él, Eliseo volvió a orar: 'Señor, castiga a esta gente con ceguera'. Y el Señor hizo lo que le pidió Eliseo* (2 Reyes 6:15b-18).

El siervo de Eliseo estaba atemorizado por lo que vio alrededor de él, pero no tenía una llave. Eliseo sí tenía una, abrió los cielos y atrajo una multitud de ángeles para protegerlos. El profeta aplicó un principio que lo transportó a un sistema que hizo que ese ejército pagano se viera como soldaditos de juguete en comparación con el ejército angelical. Cuando tenemos las llaves del Reino, no tenemos falta de nada o crisis porque el Rey es mayor que todos ellos. Jesús dijo que nos enseñaría a caminar en esa clase de autoridad, acceso y confianza.

3. *Las llaves representan propiedad.* La posesión de una llave le da a uno la propiedad de hecho de lo que esa llave abre. Por lo tanto, cuando poseemos las llaves del Reino, tenemos la propiedad de los cielos en la Tierra. Jesús dijo: *Lo que aten en la Tierra será atado en el cielo, y lo que desaten en la Tierra será desatado en el cielo.* En otras palabras, usted posee en la Tierra todo lo que sucede en el Cielo. Eso significa que nunca debe juzgar el curso de su vida simplemente por sus circunstancias.

Suponga que lo despiden de su trabajo. Sería sencillo asustarse y estresarse porque tiene una familia para mantener y cuentas que pagar y ahora no tiene dinero. Esa es su circunstancia. Como ciudadano del Reino con las llaves de él, sin embargo, usted tiene la propiedad del Cielo sobre la Tierra. Puede estar seguro y aun regocijarse en la perspectiva de un futuro brillante porque tiene una fuente de suministro y provisión que aquellos que están fuera del Reino no pueden concebir. ¡Así que haga una fiesta de prosperidad! El Rey está preparándose para bendecirlo y prosperarlo desde una dirección inesperada. Cuando *posee* los recursos del Reino, nunca está en la miseria.

4. *Las llaves representan control.* Si posee la llave de algo, entonces lo controla. Controla cuando se abre, cuando se cierra, y quién tiene acceso a ese lugar. Una llave le ayuda a controlar el tiempo. En otras palabras, decide si abrir a las 8:00 o a las 10:00, o a las 18:00 o cuándo. Esto le da control, si precisa algo ahora, usa la llave.

Un día el profeta Elías conoce una pobre viuda que juntaba leña a las puertas de la ciudad. Le pidió un trago de agua y un trozo de pan. Esto sucedió durante una fuerte sequía.

'Tan cierto como que vive el Señor tu Dios', respondió ella, 'no me queda ni un pedazo de pan; solo tengo un puñado de harina en la tinaja y un poco de aceite en el jarro. Precisamente estaba recogiendo unos leños para llevármelos a casa y hacer una comida para mi hijo y para mí. ¡Será nuestra última comida antes de morirnos de hambre!' 'No temas', le dijo Elías. 'Vuelve a casa y haz lo que pensabas hacer. Pero antes prepárame un panecillo con lo que tienes, y tráemelo; luego haz algo para ti y para tu hijo. Porque así dice el Señor, Dios de Israel: 'No se agotará la harina de la tinaja ni se acabará el aceite del jarro, hasta el día en que el Señor haga llover sobre la tierra'. Ella fue e hizo lo que le había dicho Elías, de modo que cada día hubo comida para ella y su hijo, como también para Elías. Y tal como la palabra del Señor lo había anunciado por medio de Elías, no se agotó la harina de la tinaja ni se acabó el aceite del jarro (1 Reyes 17:12-16).

La verdad en las circunstancias de la viuda era que ella y su hijo estaban a punto de morir de hambre. Elías se le acerca y le hace un pedido un tanto audaz, algunos dirían egoísta: "Sé que no tienes mucho, pero dame de comer primero a mí y luego come tú y tu hijo. Confía en el Señor; Él cuidará de ti". Esto no era egoísmo. Elías estaba ofreciéndole a la mujer una llave. Una vez que ella la tomó, tuvo control. Por fe y obediencia ella abrió las despensas de los cielos y trajo para ella y su familia provisión sobrenatural que los sustentó hasta que la sequía hubo acabado. Su vida entera y su mentalidad cambiaron de las circunstancias de necesidad y privación a una perspectiva del Reino de abundancia sin límites.

5. *Las llaves representan autorización*. Este punto es similar al número uno. Autorización significa recibir autoridad para actuar en el nombre o en lugar de quien le haya dado la autoridad. "El jefe me autorizó a hacer esto…", la posesión de las llaves significa que está autorizado a actuar en el nombre y autoridad del dueño de las llaves. Al darnos las llaves del Reino, Jesús nos da la autoridad e influencia del Cielo. Nos ha autorizado a actuar en su nombre y para pedir lo que deseemos que esté de acuerdo con su voluntad y propósito.

6. *Las llaves representan poder.* Cualquiera que le da las llaves le está dando poder al mismo tiempo. Esto es parecido al control. Usted tiene el control, poder, sobre lo cual posee las llaves. Si sabe cómo usarlas, lo que abra estará a su disposición. Las llaves de su casa le dan el poder de entrar y salir o de permitir o no permitir que otros entren en ella. Cuando Jesús nos dio las llaves del Reino, nos dio poder en el Cielo. Lo que atemos en la Tierra afecta al Cielo; lo que desatemos en la Tierra afecta al Cielo; lo que elijamos cerrar en la Tierra, el Cielo lo cerrará.

¿En verdad tenemos todo ese poder como ciudadanos del Reino? Sí. El Rey no quiere que vivamos como víctimas del sistema terrenal, así que nos ha dado la habilidad de entrar en una dimensión que es invisible, pero absolutamente real y puede afectar literalmente la tierra física. Por eso Cristo pudo vivir una vida abundante en tiempos de crisis. Él tenía poder del Cielo. Y nos ha dado ese poder a nosotros.

7. *Las llaves representan libertad.* Cuando tienes las llaves, eres libre de salir y entrar. Eres libre de abrir y cerrar, de trabar y destrabar. Las llaves del Reino nos brindan libertad del temor y de todas las otras emociones limitantes del sistema terrenal. Me maravillaba siempre del hecho de que Jesús estuviera tan libre, tan calmo, siempre en control, sin importar qué ocurriera a su alrededor.

Un día Jesús dormía en la parte trasera del barco cuando su gabinete –algunos de ellos eran pescadores– navegaban por el Mar de Galilea. Como ocurre frecuentemente allí, una fuerte tormenta se desató de repente, tan severa que incluso los marineros experimentados abordo tuvieron temor de que la barca se hundiera. ¿Cómo podía dormir Jesús es medio de una crisis así? Sus vidas estaban en peligro, ¡y Él estaba roncando en la popa!

Los discípulos fueron a despertarlo. '¡Señor —gritaron—, sálvanos, que nos vamos a ahogar!' 'Hombres de poca fe —les contestó—, ¿por qué tienen tanto miedo?' Entonces se levantó y reprendió a los vientos y a las olas, y todo quedó completamente tranquilo. Los discípulos no salían de su asombro, y decían: '¿Qué clase de hombre es este, que hasta los vientos y las olas le obedecen?' (Mateo 8:25-27).

Jesús les dijo: *Hombres de poca fe, ¿por qué tienen tanto miedo?*. En esencia les estaba diciendo:
—¿Qué ocurre? ¿Dónde están sus llaves?
Entonces sacó una llave, trabó la tormenta, y ella se detuvo. Con asombro total, los discípulos se preguntaban:
—¿Qué clase de hombre es este?
Simplemente un hombre con llaves.
Las llaves del Reino son las llaves a la verdad absoluta, el conocimiento que trae completa libertad. Jesús dijo:

Si se mantienen fieles a mis enseñanzas, serán realmente mis discípulos; y conocerán la verdad, y la verdad los hará libres (Juan 8:31b-32).

Por *enseñanza*, Jesús no se refería tanto a los versículos bíblicos sino a los principios, leyes y preceptos contenidos allí. La libertad viene de conocer la verdad. La verdad por sí sola no lo hace libre. Lo que lo libera es la verdad que *usted conoce*. Las llaves del Reino pueden llevarlo al conocimiento de la verdad.

Siete características de las llaves

1. *Las llaves son leyes.* Son normas fijas y confiables que nunca cambian. Cuando son usadas correctamente, siempre funcionan.

2. *Las llaves son principios.* Cuando Jesús habló de las *llaves del Reino*, no hablaba de verdaderas llaves en el sentido literal que abren cerraduras reales. Son principios, sistemas que operan bajo leyes fijas. Cuando Él nos da las llaves, nos da también los principios por medio de los cuales el Reino de los cielos se mueve. Obtenemos acceso a sistema que hace que el Reino de los cielos obre. Y una vez que aprendemos las leyes, el sistema y los principios, todo el Cielo estará disponible para nosotros.

3. *Las llaves son sistemas.* Cada gobierno opera por sistemas: el sistema social, el económico, el político, el educativo, el de telecomunicaciones, etc. Conocer los sistemas y cómo funcionan es una llave al poder y la influencia. Controle los sistemas y controlará al gobierno. Trastórnelos y trastornará al gobierno. Destruya los sistemas y destruirá a la nación. Así es cómo son de poderosos los sistemas. Digo más, así de poderoso puede ser el conocimiento.

Los sistemas del Reino de los cielos no están al alcance de los que están fuera del reino y no corren peligro de ser interrumpidos o destruidos. Los ciudadanos del Reino, por otra parte, tienen acceso a esos sistemas y pueden traer la influencia de ellos en situaciones terrenales. Por eso los ciudadanos del Reino pueden descansar confiados en victoria sin importar lo que las circunstancias puedan sugerir. Así que lo más importante que podemos hacer cualquiera de nosotros es asegurarnos la ciudadanía del Reino.

4. *Las llaves activan funciones.* Un automóvil funciona con gasolina. La *llave* de la gasolina activa la función del auto. Sin gasolina, el vehículo no arrancará, no importa cuántas otras llaves tenga. Del mismo modo, una radio sin antena no puede cumplir su función de convertir las ondas radiales en sonido audible. La *llave* de la antena falta, y sin ella, la radio es nada más que una caja vacía y silenciosa. Puede ser bonita, el visor puede estar limpio y brillante, pero no puede cumplir su propósito porque la llave para activarlo no está allí. Para mí, la religión es como esa radio atractiva o ese auto moderno, pero sin combustible. Al igual que ellos, la religión puede lucir bella e impresionante por fuera, con todas sus galas y tradiciones, pero no tiene llaves y por lo tanto carece de habilidad y poder para activar las funciones del Reino.

Las llaves del Reino activan el Cielo para que podamos disfrutar plenamente nuestros derechos y privilegios como ciudadanos del Reino. Eso es mucho más seguro que depender de los sistemas del mundo para nuestro bienestar. En este sentido, el embajador del Reino, Pablo, aconseja:

A los ricos de este mundo, mándales que no sean arrogantes ni pongan su esperanza en las riquezas, que son tan inseguras, sino en Dios, que nos provee de todo en abundancia para que lo disfrutemos (1 Timoteo 6:17).

Las llaves del Reino nos permiten disfrutar todas las riquezas y bienes de Dios sin medida.

5. *Las llaves dan inicio a la acción.* Así como la llave del automóvil inicia la acción, arrancando el motor, las llaves del Reino, cuando sabemos cómo usarlas, inician el movimiento en el Cielo.

6. *Las llaves son los principios mediante los cuales el Reino de Dios opera.* No solo que las llaves son principios, sino más específicamente, claves para la operación del Reino. Ellas nos conceden acceso a los bosquejos, esquemas, organigramas, a fin de que podamos entender y ser parte del trabajo interno del Reino de los cielos.

7. *Las llaves no pueden ser sustituidas por sentimientos, emociones, pensamiento positivo o manipulación.* Si está del lado de afuera de su casa y no tiene llaves, ninguna dosis de súplica o clamor, ningún deseo va a hacer que la puerta se abra. Si su vehículo no tiene gasolina, puede sentarse detrás del volante y soñar y desear por un largo rato que se mueva, pero se quedará en el lugar. La religión está edificada sobre sentimientos, emociones, pensamiento positivo y manipulación. En el Reino, es diferente. El Reino de los cielos opera con llaves. Usted puede desear y sentir y suplicar todo lo que quiera, pero sin las llaves correctas, todavía estará fuera de las cosas que Dios le prometió porque sus sentimientos no abren puertas. Las llaves sí.

En el sistema del mundo, uno avanza matando, robando, hiriendo, manipulando, pasando por encima de los demás, usando a la gente, jugando, haciendo lo que quiera. Pero en el Reino de los cielos todo es al revés. Para avanzar, debe hacer lo contrario de lo que hacía en el mundo. En vez de tomar, da; en vez de acumular, comparte; en vez de retener, suelta; en vez de odiar, ama; en vez de Yo-primero, usted considera primero a los demás. Es cierto, parece un contrasentido, pero es la forma en que el Reino de Dios funciona.

LA NATURALEZA ILÓGICA DE LAS LLAVES

Es esta misma cualidad de contrasentido del Reino de los cielos que hace tan difícil que el mundo lo entienda. El Reino de los cielos y los reinos de este mundo operan bajo principios completamente opuestos. La gente que ha sido criada en el sistema del mundo no puede comprender la naturaleza extraña del Reino de Dios. Por eso Simón Pedro no pudo reconocer a Jesús como el Mesías, excepto por la revelación divina.

Este conflicto de sistemas queda vívidamente ilustrado mediante un encuentro que Jesús tuvo un día con un joven rico que estaba interesado en entrar en el Reino.

Cuando Jesús estaba ya para irse, un hombre llegó corriendo y se postró delante de él. 'Maestro bueno —le preguntó—, ¿qué debo hacer para heredar la vida eterna?' '¿Por qué me llamas bueno? —respondió Jesús. Nadie es bueno sino solo Dios. Ya sabes los mandamientos: No mates, no cometas adulterio, no robes, no des falso testimonio, no defraudes, honra a tu padre y a tu madre. 'Maestro —dijo el hombre—, todo eso lo he cumplido desde que era joven.' Jesús lo miró con amor y añadió: 'Una sola cosa te falta: anda, vende todo lo que tienes y dáselo a los pobres, y tendrás tesoro en el cielo. Luego ven y sígueme'. Al oír esto, el hombre se desanimó y se fue triste porque tenía muchas riquezas. Jesús miró alrededor y les comentó a sus discípulos: '¡Qué difícil es para los ricos entrar en el reino de Dios!' (Marcos 10:17-23).

Una vez que hayamos entrado al Reino y comenzado a funcionar adecuadamente, inevitablemente nos volveremos prósperos. La prosperidad es un resultado natural de la vida en el Reino. Pero debemos vivir según las normas del Reino para poder prosperar en el Reino.

El joven rico tenía problemas con las condiciones que Jesús le puso porque iban en contra de todo lo que siempre había escuchado y creído acerca del éxito y la prosperidad. Sencillamente no estaba preparado para la orden contradictoria de Jesús de abandonar todo lo que él creía que lo hacía ser "alguien". Por eso Jesús dijo que era difícil que un rico entrara al Reino de Dios. Las llaves, los principios, los sistemas del Reino son contrarios a los del mundo, de donde ellos adquieren su riqueza.

En otras palabras, la naturaleza opuesta de las llaves del Reino dificulta la comprensión para mucha gente. Este joven había crecido en un mundo en donde uno obtiene tomando. Él no podía entender el principio de un Reino en donde uno obtiene *dando*.

Además, es el poder de la ignorancia de las llaves del Reino lo que puede destruirnos. Las Escrituras dicen:

Pues por falta de conocimiento mi pueblo ha sido destruido (Oseas 4:6a).

Por la ignorancia sobre las llaves del Reino, este joven rico no sabía cómo hacerse más rico, así que eligió aferrarse a las riquezas que literalmente lo estaban matando en vez de entrar en una riqueza que podía darle vida. Venir al Reino de Dios no nos hace más pobres ni nos exige que nos volvamos pobres. Pero tienen que conocerse las llaves.

Este rico pensó que era rico, pero era realmente pobre porque no entendió la naturaleza de las verdaderas riquezas. Así que se marchó triste. Un principio clave del Reino de los cielos, por otro lado, es el siguiente:

La bendición del Señor enriquece, y no añade tristeza con ella (Proverbios 10:22 RV60).

Una vez que tiene las llaves del Reino y aprende cómo funcionan, la bendición de Dios le traerá riquezas sin tristeza. Y Él puede hacerlo en un instante si lo desea.

Otro factor en la dificultad que muchos tienen al entender el Reino es *el peligro de la naturaleza caída del razonamiento humano*. La rebelión del hombre contra Dios terminó en una mente y conciencia corrompidas. La forma en que muchos de nosotros en este mundo buscamos el éxito y las riquezas es completamente contraria a los principios y las leyes que Dios diseñó en la creación. Pero estamos muy cegados por nuestras mentes corrompidas como para verlos. Al igual que el joven rico, suponemos que debemos hacer ciertas cosas para alcanzar el éxito, trepar en la escala corporativa pisándole la cabeza a los demás o saltando sobre sus manos, hiriéndolos, usándolos de manera egoísta, tramando contra ellos, traicionándolos, mintiendo, haciendo trampas, robando, lo que sea necesario con tal de ser millonarios antes de los cuarenta años de edad.

Entonces llega Jesús y dice: "Si quieres verdadera riqueza y verdadero éxito, deshazte de todo esto. Devuélvelo de donde lo sacaste y sígueme". La *actitud de disposición* de compartir todo es más importante tal vez, que el hecho en sí. Recuerde: en el Reino de los cielos somos administradores, no dueños.

Por causa de nuestra naturaleza caída de razonamiento humano, los principios y llaves del Reino de Dios son completamente extraños a la manera en que hemos sido entrenados para pensar. Por eso la primera palabra que Jesús pronunció cuando vino a anunciar el Reino fue "Arrepiéntanse". Cambien la manera de pensar.

Los principios funcionan, pero no siempre son entendidos. El joven rico simplemente no pudo ver de qué manera seguir las instrucciones de Jesús podía darle lo que él deseaba. No pudo captar el principio. Las llaves del Reino funcionan, pero a veces aun después de que aprendemos cómo usarlas, no entendemos cómo operan. Simplemente lo hacen, y listo.

Los principios son establecidos por parte del fabricante. Nuestro Creador conoce a su creación. Dios sabe lo que es mejor para nosotros. Pero por causa de nuestra naturaleza caída, somos criaturas disfuncionales que creen o, que no hay nada malo en nosotros, o que lo malo en nosotros podemos arreglarlo. Esta sabiduría contradictoria superior nos lleva a entender que las llaves del Reino, los principios bajo los cuales el Reino opera, también son las llaves que nos traerán la vida, la ley y la cultura del Cielo a la Tierra, incluso cuando la lógica humana o el razonamiento nos digan lo contrario.

Principios

1. La vida en el Reino trata realmente sobre restaurar la autoridad de gobierno de Dios en la Tierra y aprender cómo vivir y movernos en esa autoridad.

2. El Reino de los cielos no es una sociedad secreta, pero tenemos que aprender a usar sus llaves.

3. Cuando conozcamos las llaves con que accedemos a los secretos del Reino, nunca más volveremos a decir: "Todo lo que tengo es…"

4. Las llaves representan autoridad.

5. Las llaves representan acceso.

6. Las llaves representan propiedad.

7. Las llaves representan control.

8. Las llaves representan autorización.

9. Las llaves representan poder.

10. Las llaves representan libertad.

11. Las llaves del Reino son las llaves a la verdad absoluta, cuyo conocimiento nos trae la verdadera libertad.

CAPÍTULO DIEZ

CONCEPTO N.º 7 DE REINO: ACERCA DE LA CIUDADANÍA

El poder más asombroso y la posición de más privilegio nacional es la ciudadanía. Es el bien más valioso de una nación y no es entregado tan fácilmente debido a su poder e impacto. Todos los gobiernos defienden el derecho de ciudadanía con el mismo fervor por causa de sus implicaciones. Ciudadanía no es lo mismo que membresía. Las religiones operan a través de membresía, mientras que las naciones y reinos lo hacen con la ciudadanía.

En los años recientes la inmigración se ha vuelto un tema candente en algunas partes del mundo. Por ejemplo, hay un creciente interés en muchos europeos occidentales de que el continuo flujo de inmigrantes musulmanes provenientes del Medio Oriente pronto transformen todo el aspecto religioso, social y cultural de Europa. Recientes disturbios sectarios en Francia y en muchos otros países europeos sobre la publicación de las caricaturas "blasfemas" de Mahoma ha revelado que hubo poca asimilación cultural entre esos inmigrantes.

Más preocupante es, sin embargo, el espectáculo que ha estado sucediendo en los Estados Unidos por el tema de la inmigración. Durante meses, ha habido debates sobre el estatus de millones de extranjeros ilegales, mayormente provenientes de México, que viven y trabajan en los Estados Unidos. Las manifestaciones a favor de esos ilegales han llevado a miles a las calles. Algunos legisladores propusieron conceder inmediatamente a todos los extranjeros ilegales que actualmente están en el país, el estatus migratorio y ponerlos en una vía rápida para obtener la ciudadanía americana. Otros insisten en que el gobierno de los Estados Unidos detenga y deporte a todos los inmigrantes ilegales que encuentre y que aumenten las patrullas de vigilancia en la frontera entre EE. UU. y México para impedir que en el futuro otros crucen ilegalmente. Existen muchas más personas que incluso proponen la construcción de un muro de 1.100 km en la frontera.

Parece que las masas de gente provenientes del sur del límite están pidiendo entrar a los Estados Unidos. ¿Por qué? ¿Qué los lleva a arriesgar su vida, ser capturados, puestos en prisión o deportados tan solo por cruzar la frontera? Pueden ser muchas cosas: mejores empleos, mayor paga, mejor cuidado de la salud, mayores oportunidades, y en general una mejor calidad de vida que la que ellos sienten que pueden tener en su país natal. Para muchos, es la atracción de aun la posibilidad de la ciudadanía en el país más próspero del mundo.

No estoy tratando de ponerme a favor o en contra de las ventajas o beneficios de ser un ciudadano americano. Mi punto aquí es que la ciudadanía es una atracción poderosa. La gente se siente atraída a una nación que se presenta como la promesa de una vida mejor que la de ellos allí donde están ahora. Algunos se desesperan tanto que hacen cualquier cosa por convertirse en parte de esta nación.

Así que el concepto de ciudadanía es vital para entender la naturaleza del Reino de los cielos. Como dije antes, todos los gobiernos y reinos operan sobre leyes y principios de gobierno. La ciudadanía es necesaria para la validez y legitimidad de una nación. No solo eso, sino que *la ciudadanía es el privilegio más sagrado de un país*.

El poder y el privilegio de la ciudadanía

La ciudadanía tiene un gran poder, así como también grandes privilegios. Por esa razón mucha gente arriesga sus vidas y cruza las fronteras hasta el punto de la muerte con tal de perseguir la esperanza de la ciudadanía. No solo es sagrada, sino también santificada (puesta aparte). Un ciudadano es parte de una elite, un grupo privilegiado. La gente que ha vivido como súbditos de un gobierno extranjero en vez de cómo ciudadanos, entiende esta diferencia mucho mejor que la gente que nació siendo ciudadana. Lo mismo es cierto para la gente que ha trabajado muy duro con tal de ganarse el privilegio de ser naturalizado ciudadano del país elegido.

Como un privilegio sagrado, la ciudadanía es el regalo más precioso que una nación puede otorgar. Por eso existen leyes para proteger a la gente de ella y protegerla a ella de la gente. Aparte del caso de los ciudadanos nativos, la ciudadanía no es regalada ni obtenida sencillamente. Y no debería serlo tampoco. La ciudadanía es un tesoro muy precioso como para repartirlo indiscriminadamente como volantes.

Cuando se trata de asuntos de ciudadanía, el Reino de Dios no es diferente de cualquier otro país. Recuerde: el Reino de los cielos no es una religión. Es un gobierno con un país. El Cielo es ese país, y Jesucristo es su Rey. Refiriéndose a Cristo, el antiguo profeta Isaías escribió:

> *Porque nos ha nacido un niño, se nos ha concedido un hijo; la* **soberanía** *reposará sobre sus hombros... Se extenderán su* **soberanía** *y su paz, y no tendrán fin.* **Gobernará** *sobre el trono de David y* **sobre su reino,** *para establecerlo y sostenerlo con justicia y rectitud desde ahora y para siempre* (Isaías 9:6-7, énfasis añadido).

Como cualquier otro país, el Reino de Dios tiene el principio de la ciudadanía. Y, al igual que en el ejemplo anterior de Estados Unidos, una vez que la gente conoce sobre el Reino, y una vez que entienden lo que es y lo que tiene para ofrecer, ellos claman para entrar en él. A eso Jesús se estaba refiriendo cuando decía:

> *La ley y los profetas se proclamaron hasta Juan. Desde entonces se anuncian las buenas nuevas del reino de Dios, y todos se esfuerzan por entrar en él* (Lucas 16:16).

"Todos se esfuerzan por entrar en él". Una vez que la gente sabe del Reino de Dios, ¡no pueden esperar para entrar en él! Visualice en su mente todos esos inmigrantes desesperadamente clamando para cruzar la frontera, y entonces verá lo que Jesús estaba queriendo decir.

¿Por qué entonces, alguien podría preguntar, no vemos a la gente clamando para entrar en las iglesias? ¿Por qué la iglesia en conjunto ha tenido tan poco impacto en nuestra cultura? La razón es simple y triste. La mayoría de los pastores no entienden el Reino, así que no lo predican o enseñan. Como consecuencia, la mayoría de las personas en las iglesias no entienden el Reino tampoco, así que no se muestran como modelos del Reino en su diario vivir. Mi experiencia ha sido que una vez que la gente sabe sobre el Reino y lo ven en acción, ¡ellos lo quieren!

Así es el poder de la atracción de la ciudadanía del Reino de los cielos.

Convirtiéndose en un ciudadano del Reino

Todas las naciones, aun los reinos, tienen ciudadanos. Todas las naciones requieren estatus migratorio. El Reino de Dios no es distinto. Todo ciudadano del Reino hoy es un ciudadano naturalizado. Hemos emigrado de un país extranjero, un *dominio de oscuridad* (vea Colosenses 1:13), en donde como raza fuimos "exiliados" desde la rebelión de Adán en el jardín del Edén. En ese tiempo, la raza humana perdió su ciudadanía en el Cielo. La perdimos porque perdimos nuestro Reino, y a este lo perdimos porque perdimos nuestra propiedad, nuestro territorio. No se olvide que sin territorio no hay reino, y sin un reino, no puede haber ciudadanía.

Cuando Jesucristo comenzó su ministerio público, Él anunció que el Reino de los cielos había llegado. Ese fue el único mensaje que predicaba. Él trajo nuevamente a la Tierra el Reino que perdimos en el Edén y nos dio acceso a él otra vez. Entramos al Reino de los cielos por el proceso que Jesús llamó nacer de nuevo (vea Juan 3:3), cambiando nuestra mente y volviéndonos de la rebelión contra Dios, poniendo nuestra confianza en Jesús para perdón de nuestra rebelión, y reconociéndolo como Señor, Dueño, de nuestras vidas. Este "nuevo nacimiento" nos hace entrar al Reino de los cielos.

Muchos creyentes le llaman a esto *ser salvos*, pero creo que es más útil aquí pensar en el nuevo nacimiento como el proceso de *naturalización* por el cual nos convertimos en ciudadanos del Reino. También nos *naturaliza* en el sentido de que nos regresa a nuestro estado natural *original* de autoridad y dominio sobre la Tierra como Dios planeó desde el principio. Cuando nos hacemos ciudadanos del Reino de Dios, significa que voluntariamente nos alineamos con un nuevo gobierno y una nueva nación, abrazando su idioma, sus ideales y sus valores.

La Constitución del Reino es explícita en cuanto a nuestra ciudadanía:

> *Por lo tanto, ustedes ya no son extraños ni extranjeros, sino* **conciudadanos** *de los santos y miembros de la familia de Dios* (Efesios 2:19, énfasis añadido).

> *En cambio, nosotros somos* **ciudadanos** *del cielo, de donde anhelamos recibir al Salvador, el Señor Jesucristo* (Filipenses 3:20, énfasis añadido).

> *... dando gracias con alegría al Padre. Él los ha facultado para participar de la herencia de los santos en el reino de la luz. Él nos libró del dominio de la oscuridad y* **nos trasladó al reino de su amado Hijo** (Colosenses 1:12-13, énfasis añadido).

No solo el nuevo nacimiento nos hace ciudadanos del Cielo, sino que nuestra ciudadanía comienza *inmediatamente*. Somos ciudadanos del Reino ahora mismo. Es una realidad presente. *Somos conciudadanos de los santos. Somos ciudadanos del cielo. Dios nos trasladó al reino de su amado hijo.*

¿Por qué es tan importante esto? Ahora le digo: *porque la religión pospone la ciudadanía para el futuro.* Los líderes religiosos le dicen a su gente: "Serás un ciudadano... *algún día*. Estarás en el Reino... tendrás gozo *luego*... serás un ciudadano pleno. Pero no hoy. No todavía. El Reino todavía no ha llegado".

Están equivocados. El Reino ha llegado. La ciudadanía del Reino nunca se pospone. Es presente y funcional sobre la Tierra *ahora mismo*. Si ha nacido de nuevo, entonces ha sido naturalizado y es un ciudadano del Reino *ahora mismo*. Y eso significa que todos los derechos, beneficios y privilegios son suyos *ahora mismo*. Puede disfrutar de su ciudadanía *ahora*; no tiene que esperar a algún momento indefinido en el futuro.

Usted nunca se apropiará de aquello que posterga. Por eso traban el Reino de Dios para aquellos que quieren entrar en él. Por esa razón estoy convencido de que el mayor enemigo del Reino es la religión. Aleja el Reino de la gente: —No puedes entrar ahora; no puedes experimentarlo ahora; no puedes beneficiarte de él ahora; espera hasta más tarde. Y así la gente sufre. Por eso muchos religiosos viven vidas derrotadas, destituidas y frustradas. Creen que tienen que esperar por su *recompensa*.

Doble ciudadanía

Los gobiernos de reinos ejercen jurisdicción sobre sus ciudadanos sin importar dónde se encuentren. Uno de los mayores propósitos porque las naciones mantienen las embajadas en otros países es para proveer asistencia a sus ciudadanos que viven o viajan en ese lugar. Una vez, en África, tuve un problema para volar a Londres, Inglaterra. La embajada bahameña envió un auto con chofer para recogerme en el aeropuerto y llevarme a una casa.

Un querido amigo norteamericano que era misionero en Mozambique hace unos años, pasó la mayor parte del año en prisión luego de que los comunistas tomaron el país. Luego de su liberación, la embajada americana le pagó el pasaje en avión, le dio trescientos dólares en efectivo y le dijeron: "Su esposa lo estará esperando".

Si visitara Las Bahamas y por casualidad perdiera su dinero o enfrentara alguna otra crisis, todo lo que tendría que hacer sería dirigirse a la embajada de su país y ellos lo ayudarían. Para eso están ahí. Una de las responsabilidades de todo gobierno es cuidar de sus ciudadanos, ya sea que están en el país o fuera de él.

En un sentido muy real, eso es lo que la iglesia es (o lo que se supone que debe ser): ¡una embajada! La iglesia no es un sitio religioso. Cuando Jesús estableció su *ecclesia*, no tenía una institución religiosa en mente. Su propósito era instalar una embajada de su Reino, un lugar en donde los ciudadanos del Reino, nuevos y viejos, pudieran recibir ayuda, ser entrenados en los caminos, leyes, lenguaje y costumbres del Reino, y sean equipados con los recursos del Reino que necesiten para una vida efectiva en la colonia del Reino en la Tierra.

Todos los ciudadanos del Cielo tienen doble ciudadanía. La mayoría de los gobiernos en la Tierra la permiten, en donde los ciudadanos de un país pueden tener simultáneamente ciudadanía legal en otro. Si usted es un ciudadano norteamericano o canadiense o alemán, por ejemplo, puede convertirse en ciudadano oficial y legal de Las Bahamas sin que se le exija renunciar a su ciudadanía anterior. Los hijos nacidos de ciudadanos de un país que están viviendo en otro, generalmente se vuelven ciudadanos de ambos países.

No es diferente en el Reino de los cielos. Todos los ciudadanos del Reino son simultáneamente ciudadanos de la nación terrenal natal o de la que se hayan naturalizado. No abandonamos nuestra ciudadanía terrenal al hacernos ciudadanos del Reino. Y del mismo modo, no tenemos que estar en el Cielo para beneficiarnos de nuestra jurisdicción celestial. Nuestra ciudadanía es permanente, y el gobierno del Reino ejerce jurisdicción sobre nosotros dondequiera que estemos.

La Constitución del Reino dice que estamos *en* el mundo, pero que no somos *del* mundo. Aunque estamos en un territorio extranjero, en realidad, la colonia de nuestro gobierno, nuestra inscripción no está aquí. Cuando se dice que nuestra ciudadanía está en los cielos, significa que nuestra inscripción, nuestra documentación oficial, no está en la Tierra. Cuando nacemos de nuevo, nuestros nombres son escritos en el "registro oficial" del Cielo, aunque todavía vivamos en la colonia. Así que aunque estemos físicamente lejos del Reino o "país", todavía somos ciudadanos del Reino.

Cuando Jesús estuvo ante Pilato, el gobernador romano de la provincia de Judea, Pilato le preguntó: *Eres tú el rey de los judíos* (Juan 18:33b), a lo cual Jesús respondió:

Mi reino no es de este mundo —contestó Jesús. *Si lo fuera, mis propios guardias pelearían para impedir que los judíos me arrestaran. Pero mi reino no es de este mundo* (Juan 18:36).

Es importante observar aquí tanto lo que Jesús dijo como también lo que no dijo. Él dijo: "Mi reino no es *de* este mundo"; no dijo "Mi reino no está en este lugar". Como el representante oficial del emperador, Pilato poseía autoridad real en Judea. Hablando como de un rey a otro, Jesús reconoció su reinado. De hecho, lo declaró lisa y llanamente:

Eres tú quien dice que soy rey. Yo para esto nací, y para esto vine al mundo: para dar testimonio de la verdad (Juan 18:37b).

¿Y qué era la verdad? La verdad de que el Reino de los cielos había llegado; el único mensaje que Jesús predicaba. Así que entonces el Reino de Cristo estaba *en* el mundo, pero no era *del* mundo. Era *de* otro lugar, pero también residía aquí en la Tierra. Está aquí ahora, pero no es de aquí.

De modo que todos los ciudadanos del Cielo poseen doble ciudadanía: en el Cielo y en la Tierra. Ese estatus continuará hasta el día en que el actual cielo y Tierra pasen y el Rey los recree a ambos. Entonces no habrá más separación porque el tiempo habrá llegado cuando:

¡Aquí, entre los seres humanos, está la morada de Dios! Él acampará en medio de ellos, y ellos serán su pueblo; Dios mismo estará con ellos y será su Dios (Apocalipsis 21:3).

En ese día, el gobierno del Cielo ejercerá dominio pleno sobre la nueva Tierra bajo la corregencia de todos los ciudadanos del Reino.

Ciudadanía invisible

Alguien podría preguntar: Si el Reino de los cielos está aquí ahora, ¿por qué no podemos verlo? ¿Por qué no vemos más evidencia entre nosotros? La respuesta es muy simple: No podemos ver el Reino de los cielos porque es invisible. Y así son sus ciudadanos. En efecto, todos los gobiernos de colonias y sus ciudadanos son invisibles.

Crecí y he pasado casi toda mi vida en Las Bahamas. Soy un ciudadano bahameño nacido mientras era todavía parte de la Mancomunidad Británica. Mientras que crecía, nunca visité Inglaterra. Nunca visité el Parlamento o vi a la reina. Pero al igual que el resto de mis compatriotas, sabía que estaban allí. Después de todo, cantábamos sus canciones, vestíamos su ropa, guardábamos sus leyes, aprendíamos su historia; pero nunca los vimos. Así que el gobierno era invisible…, pero real. Solo mírenos hoy en día: hablamos inglés, conducimos por el carril izquierdo, y guardamos muchas costumbres y tradiciones que son el legado de nuestros años como parte del imperio británico. En Las Bahamas, el gobierno británico era invisible, pero también influyente.

Del mismo modo, el hecho del que el Reino de los cielos sea invisible no significa que no tenga impacto. Jesús enseñó esta verdad sobre el Reino más de una vez. En una ocasión lo ilustró de este modo:

Volvió a decir: '¿Con qué voy a comparar el reino de Dios? Es como la levadura que una mujer tomó y mezcló con una gran cantidad de harina, hasta que fermentó toda la masa' (Lucas 13:20-21).

Así es como trabaja la levadura: lenta, pero inexorablemente hasta que toda la masa siente su influencia. Una vez mezclada con la masa, la levadura es invisible, pero si piensa que no tiene impacto, ¡solo trate de hornear pan sin ella!

La gente ha estado debatiendo durante siglos la naturaleza y el tiempo de la venida del Reino de los cielos. No era diferente en los días de Jesús. Una vez habló sobre la invisibilidad del Reino en respuesta a una pregunta de algunos de los líderes religiosos.

Los fariseos le preguntaron a Jesús cuándo iba a venir el reino de Dios, y él les respondió: La venida del reino de Dios no se puede someter a cálculos. No van a decir: '¡Mírenlo acá! ¡Mírenlo allá!' Dense cuenta que el reino de Dios está entre ustedes' (Lucas 17:20-21).

El Reino de Dios es invisible. No podemos detectarlo simplemente por observarlo. Y si el Reino de Dios vive dentro de sus ciudadanos, eso significa que todos los ciudadanos del Reino son invisibles también. No llevamos señales físicas externas que le dicen al mundo: "Soy un ciudadano del Reino". Nuestra ciudadanía debe conocerse de otras formas.

Un día en Ohio subí a un ascensor con una señora que me preguntó muy amablemente:

—¿Cómo le va?

—Bien —respondí, y comenzamos a charlar.

—¿De dónde es usted? —me preguntó.

—¿Por qué lo pregunta?

—Porque tiene un acento diferente.

Ella no sabía nada acerca de mí hasta que *hablé*. No había manera de que ella dijera que yo era bahameño con tan solo mirarme. Mi ciudadanía era invisible. Fue mi habla lo que le dio una pista de que yo no pertenecía a "sus pagos". La ciudadanía es invisible. La única manera de saber en verdad que alguien es de un lugar en particular es escuchándolo y observando su comportamiento en un lapso de tiempo.

Lo mismo sucede con los ciudadanos del Reino. No hay forma de que la gente diga solo con vernos que somos ciudadanos del Reino. Nuestro lenguaje y conducta debería hacérselos saber. En otras palabras, ellos deberían reconocernos por nuestra *cultura distintiva*.

La cultura es producto del idioma, ideales y valores de un pueblo o nación. Aunque la gente no pueda reconocernos como ciudadanos del Reino por nuestra apariencia externa, nuestro lenguaje, ideales y valores distintivos deberían decírselos. Nuestra cultura debiera reflejar y revelar nuestra ciudadanía, como *estando* aquí, pero no *siendo* de aquí, como *estando* en el mundo, pero no *siendo* del mundo.

PRINCIPIOS

1. La ciudadanía es el privilegio más sagrado de una nación.

2. La ciudadanía es el regalo más precioso que cualquier nación puede dar.

3. Al igual que cualquier otro país, el Reino de Dios tiene el principio de la ciudadanía.

4. Cada ciudadano del Reino hoy es un ciudadano naturalizado.

5. El nuevo nacimiento nos naturaliza como ciudadanos del Reino.

6. No solo el nuevo nacimiento nos hace ciudadanos del Cielo, sino que nuestra ciudadanía comienza inmediatamente. Somos ciudadanos del Reino ahora mismo. Nuestra ciudadanía es una realidad presente.

7. La religión pospone la ciudadanía para el futuro.

8. Usted nunca podrá apropiarse de aquello que pospone.

9. Todos los ciudadanos del Reino tienen doble ciudadanía.

10. Todos los gobiernos coloniales y los ciudadanos son invisibles.

11. El Reino de Dios es invisible.

12. Todos los ciudadanos del Reino también son invisibles.

13. Nuestra cultura debiera reflejar y revelar nuestra ciudadanía, como estando aquí, pero no siendo de aquí, como estando en el mundo, pero no siendo del mundo.

Capítulo once

Concepto n.º 8 de Reino: Acerca de la cultura

La cultura abarca muchas cosas. Una vez que entendemos la cultura de la gente, entendemos a la gente. Una nación y un pueblo lo son precisamente por todo lo que está comprendido en su cultura.

Como ya hemos visto, por ejemplo, cada país tiene una tierra. Sin territorio no hay país. Históricamente, la *tierra* que la gente habita influye significativamente la cultura que desarrollan. La gente que vive en áreas desérticas, por ejemplo, tiene pocas posibilidades de desarrollar una cultura marítima, a menos que vivan sobre la costa. Su cultura va a reflejar el ambiente árido en el que viven.

Un segundo componente importante de cada país es el idioma. Un país no es un país a menos que tenga un *idioma* que lo identifique. Muchas naciones del mundo tienen varias lenguas y dialectos. Pero cada nación siempre se decide por un idioma general, porque este lo identifica como país. El idioma es la llave para la unidad. Es también un factor decisivo para la cultura de un país.

Nuevamente, como vimos antes, todos los países tienen *leyes*. Cada nación diseña una cantidad de leyes que todos deben obedecer para asegurar la paz, el orden, y la seguridad para los ciudadanos. Sin ley no hay país, porque su ausencia lleva al caos, y no se puede dirigir o mantener un gobierno estable en medio del caos. Las leyes de una nación reflejan la cultura de la misma y viceversa. La cultura y la ley se afectan mutuamente.

También cada nación utiliza *símbolos* específicos y únicos para representarla y para que ayude a inspirar unidad, patriotismo, lealtad, orgullo de una nación, y un fuerte sentido de identidad nacional. El símbolo más famoso de cada país es, por supuesto, su bandera. Simboliza su historia, los sacrificios, sufrimientos y triunfos de su gente, y aquello en lo que se han constituido. Todas estas cosas se relacionan también con la cultura. Muy pocos símbolos nacionales son más poderosos que la bandera.

Otro elemento que todas las naciones tienen en común es una *Constitución*, como vimos en el capítulo seis, es un contrato entre la gente y su gobierno. En muchas maneras, una Constitución es un documento cultural porque contiene en una forma especial las leyes, ideales y valores de un pueblo (o de un rey, dependiendo de quien lo escribió).

Además, todas las naciones tienen un *código moral*. Este abarca los valores morales con los cuales la gente acuerda vivir y por los cuales ha escogido ser gobernada. En la mayoría de los casos, un código moral consiste tanto en normas escritas como en no escritas. Las primeras están expresadas a través leyes y estatutos, mientras que las no escritas son transmitidas primariamente a través de tradiciones, costumbres y cultura. Respetar la propiedad de otras personas; no levantar falso testimonio en la corte; no robar; no matar; no cometer adulterio; todo esto es parte del código moral al que prácticamente cada nación y gobierno en la Tierra responden.

La séptima característica de todos los países son los *valores compartidos*. Para tener un país que se dirija efectivamente, la gente debe tener los mismos valores en común. La gente como un todo debe estar de acuerdo en que todos valoren las mismas cosas, así como la vida o la paz o la libertad.

Cada nación también desarrolla sus propias *costumbres*. Estas derivan de los valores compartidos de una nación. Una costumbre es una *forma típica* para hacer algo, un patrón de comportamiento que no es solo comúnmente aceptado sino también esperado. En general, las costumbres son consistentes en toda la nación, aunque hay muchas variaciones regionales. Muy a menudo las costumbres de una nación son tan distintivas que se vuelven un punto de identificación para ella, así como ciertas maneras tradicionales de vestirse o tipos de comidas.

Finalmente, hay *normas sociales*. Estas son similares a las costumbres, pero tienen mayor fuerza y autoridad dentro de una sociedad. Las normas sociales son valores de habla, pensamiento y comportamiento que son aceptados por la gran mayoría de la gente como derecho y propiedad. Si se viola una costumbre, puede que uno sea tomado por excéntrico, pero si se viola una norma social se corre el riesgo de ser aislado.

Todo esto junto: tierra, lenguaje, leyes, símbolos, Constitución, código moral, valores compartidos, costumbres y normas sociales, constituye lo que llamamos la *cultura*.

¿QUÉ ES UNA CULTURA?

Entonces ¿qué es la cultura específicamente? Primero que nada, *cultura es el hecho de desarrollar las facultades morales e intelectuales por medio de la educación, la atención especializada y el entrenamiento*. En otras palabras, la cultura es el desarrollo de las capacidades intelectuales y el razonamiento moral de un pueblo, a través de una combinación de instrucciones formales y un modelo informal. Los padres y la sociedad enseñan a los niños los elementos de la cultura, y cuando los niños aprenden e internalizan esos elementos culturales, comienzan a vivirlos.

En segundo lugar, *la cultura es la iluminación y la excelencia de gusto adquirido mediante el entrenamiento intelectual y estético*. Dicho simplemente, todos llegamos a pensar de acuerdo con el entorno en el que crecimos. Nuestra interacción intelectual con nuestro ambiente literalmente produce una manera de pensamiento en nosotros que se vuelve nuestra forma de vida, y entonces nos entrenamos en nuestra cultura. Ninguno de nosotros nacemos con una cultura. Nacemos *en* una cultura, pero no *con* ella.

La cultura puede también ser definida como un patrón integrador del conocimiento humano, las creencias y el comportamiento que dependen de la capacidad del hombre de aprender y transmitir el conocimiento para que traspase a las siguientes generaciones. Desde una perspectiva psicológica, la cultura son las creencias acostumbradas, formas sociales y rasgos materiales de un grupo racial, religioso o social. En el mundo de los negocios, la cultura define el conjunto de actitudes compartidas, valores, metas y prácticas que caracterizan una compañía o corporación.

En cuanto a una definición científica, *cultura significa crecer en un medio preparado*. Esa es una imagen poderosa. Cada uno de nosotros llegó a la Tierra con un medio preparado: el país y la cultura de nuestro nacimiento. Inmediatamente comenzamos a crecer en ese medio, moldeados e influenciados por las costumbres, valores, códigos morales y normas sociales de nuestros padres, comunidad y sociedad. Aprendimos el idioma y las leyes. Este medio de crecimiento fue también donde aprendimos nuestros prejuicios y nuestros rencores, nuestros celos, nuestra avaricia y orgullo.

Entonces un día descubrimos el Reino de los cielos. Nacimos de nuevo y nos convertimos en ciudadanos del Reino de Dios. Y entonces fue cuando el desafío verdaderamente comenzó. Después de pasar 20, 30 ó 40 años en un cierto medio que nos entrenó para pensar de una manera específica, de pronto nos encontramos en una cultura completamente nueva, un nuevo medio de crecimiento, con muchas cosas nuevas para aprender y muchas otras cosas para desaprender. Y allí yace el problema: ¿Cómo nos deshacemos de la cultura vieja en nuestros corazones y mentes para vivir en la nueva? Ese es el desafío universal para cada ciudadano creyente de naturaleza dual.

Porque verán, la cultura es también lo que yace en el mismo centro del gran conflicto cósmico entre el Reino de Dios y el reino de la oscuridad. Y la Tierra es el territorio de batalla. La batalla por la Tierra es la batalla por la cultura. Y la cultura es la manifestación del pensamiento colectivo de un pueblo. En otras palabras, cualquiera sea el pensamiento colectivo de la gente, sus creencias, valores, ideales, etc., se convierte en su cultura. Así que quien controle las mentes de la gente, controla la cultura. De hecho, quienquiera que controle las mentes creará culturas.

La Biblia dice que como un hombre piensa en su corazón, así es él (vea Proverbios 23:7). Esto significa que la forma en que pensamos ahora determina en qué nos convertiremos. En este contexto, el corazón es la *mente*. Y el Reino de Dios es un reino del corazón. Por lo tanto, el Rey de los cielos batalla por las mentes de las criaturas que ha creado a su semejanza.

Manifestaciones de la cultura

La cultura se manifiesta de muy variadas maneras.

1. *Valores.* Valores compartidos son definidos por las características de una cultura y nación. Lo que valoramos revela lo que somos. Nuestros valores reflejan nuestro carácter. Básicamente, *un valor es una creencia o convicción que es considerada digna en y por sí misma por parte de una persona o grupo.* Es un modelo o ideal que regula la conducta o política de acción. Los valores también se relacionan con la filosofía personal de cada uno. Nuestros valores definen nuestras actitudes, comportamiento y cosmovisión del mundo. Si nosotros queremos aprender a vivir en la cultura del Reino, debemos aprender los valores del Reino. Jesús, el Rey, expresó su sistema de valores justo al principio de su ministerio público:

Bienaventurados los pobres en espíritu, porque de ellos es el reino de los cielos. Bienaventurados los mansos, porque ellos recibirán la tierra por heredad. Bienaventurados los que tienen hambre y sed de justicia, porque ellos serán saciados. Bienaventurados los misericordiosos, porque ellos alcanzaran misericordia. Bienaventurados los pacificadores porque ellos serán llamados hijos de Dios. Bienaventurados los que padecen persecución por causa de la justicia, porque de ellos es el reino de los cielos (Mateo 5:3-10).

Esta porción particular de la enseñanza de Jesús es comúnmente conocida como las Bienaventuranzas, o las Beatitudes, de la palabra en latín *beatus* (bendecidos). Nosotros podríamos aun llamarlas las "Be-actitudes", porque describen la forma en que los ciudadanos del Reino deberían actuar en carácter, actitud, y comportamiento.

Los valores son extremadamente poderosos y forman la base del comportamiento. Ellos guían al pueblo de una nación, identificando qué comportamiento es aceptable o inaceptable. Ya sea en forma de declaración explícita o implícita, pero reconocida, los valores conforman el fundamento de las naciones y moldean profundamente las vidas y experiencias diarias de sus ciudadanos. La sociedad depende de ciertos valores para poder funcionar, tales como la cooperación y honestidad. Los negocios también dependen por su función de tales valores de integridad, honor, justicia y amabilidad.

2. *Prioridades*. La cultura se manifiesta en las cosas que consideramos más importantes. En otras palabras, lo que sea que prioricemos en la vida revela nuestra cultura. Si priorizamos la pureza del matrimonio, nuestra cultura lo reflejará con leyes, costumbres y normas sociales que fuertemente desmoralicen y aun penalicen el divorcio, adulterio, y otras cosas que destruyen al matrimonio. Priorizar la santidad de la vida humana producirá una cultura que protegerá a los mayores y a los no nacidos aún, y se rehusará a permitir la recolección de embriones humanos para la investigación con células madres.

Jesús llegó justo al corazón de las prioridades cuando dijo:

No os afanéis, pues, diciendo: ¿Que comeremos, o que beberemos, o que vestiremos? Porque los gentiles buscan todas estas cosas; pero vuestro Padre celestial sabe que tenéis necesidad de todas estas cosas. Mas buscad primeramente el reino de Dios y su justicia, y todas estas cosas os serán añadidas (Mateo 6:31-33).

3. *Comportamientos*. La manera en la que nos comportamos revela nuestra cultura; es así de simple.

4. *Nivel de vida*. Nuestro nivel de vida revela tanto una cultura que alaba y alienta la mediocridad como aquella que inspira excelencia. ¿Nos enorgullecemos con la forma en que nuestras

casas e iglesias, negocios, ciudades y calles lucen? ¿Premiamos la buena calidad de las cosas? ¿O estamos satisfechos con lo mínimo que tenemos? De ambas formas, nuestro bienestar general refleja nuestra cultura. De hecho, esta nunca se levantará por encima de nuestro nivel de vida.

5. *Celebración.* Nuestra cultura se revela en las cosas que celebramos como también en la manera con la que celebramos. ¿Son los feriados y otras oportunidades de celebración para divertirnos y reírnos y pasar tiempo con nuestros familiares, o simples excusas para emborracharnos y otro tipo de excesos?

Como ciudadanos del Reino, necesitamos tomar el modelo de nuestro Rey, porque su actitud y manera de responder revela la cultura del Cielo. Lo que sea que enoje a Jesús debe enojarnos a nosotros también, y lo que lo hace feliz, debería hacernos felices a nosotros también. Lo que sea que lo llene con gozo debería llenarnos a nosotros con gozo. Y también lo que le traiga tristeza debería traer lamento a nuestro espíritu también.

6. *Moralidad.* El nivel de nuestra moral y de nuestra conciencia revela el nivel de nuestra cultura. ¿Encogemos nuestros hombros ante el adulterio y otras formas de infidelidad? ¿Le guiñamos un ojo a la pedofilia y a otros tipos de abusos sexuales? ¿Estamos dispuestos a "normalizar" la perversión en nuestra sociedad? ¿O estamos comprometidos a defender, apoyar y promover los valores más altos de pureza moral en cada área?

7. *Relaciones.* ¿Con quién nos relacionamos? ¿Cómo nos relacionamos con ellos? ¿Cómo tratamos a la gente? ¿Cómo manejamos a los destituidos, a los que están heridos y a aquellos que están siendo abusados? ¿Cuál es nuestra actitud con respecto a la gente pobre? Existe una cultura en los cielos que se revela cuando hay pobreza. Cuando están sedientos, la cultura de los Cielos dice: "Tengo algo para que tomes. Nuestra cultura se revela en cuán bien cuidamos de unos y otros".

8. *Ética.* ¿Es la honestidad nuestra mejor política, o es nuestra *única* política? Si alguien nos da dinero de más, ¿nos quedamos con ese dinero o lo devolvemos? La ética del Reino es siempre proactiva. Jesús nos dijo: *Haz con los demás como te gustaría que te hagan a ti* (Lucas 6:31). Esta "regla" se aplica a cada área de la vida.

Entonces se le acercó Pedro y le dijo: 'Señor, ¿cuántas veces perdonaré a mi hermano que peque contra mí? ¿Hasta siete?' Jesús le dijo: 'No te digo hasta siete, sino aun hasta setenta veces siete' (Mateo 18:21-22).

En respuesta a la pregunta de Pedro, Jesús sacó la respuesta de su gorra para demostrar un punto. *Setenta veces siete* no es una cifra literal; es siete veces extendido indefinidamente. En otras palabras, en la cultura del Reino, el perdón es para siempre. Perdonamos tanto como sea necesario, tanto como esperamos ser perdonados tanto como sea necesario. Nuevamente, tomamos el modelo que nos da nuestro Rey: como Él nos ha perdonado a nosotros, y sigue perdonándonos, tenemos que hacer lo mismo con otros.

9. *Normas sociales.* Lo que sea tomado como *normal* en nuestra sociedad revela nuestra cultura. ¿Es *normal* juntarse? ¿Son *normales* los embarazos y nacimientos fuera del matrimonio? ¿Es la corrupción en el gobierno *normal*? ¿Son la honestidad, integridad, y fidelidad en el hogar y en el lugar de trabajo *normales*? ¿Es *normal* la pureza sexual?

¿Cuáles son las reglas del Reino de los cielos? Aquí hay unas cuantas que el embajador del Reino, Pablo, llamó *frutos del Espíritu:*

... amor, gozo, paciencia, amabilidad, bondad, fidelidad, gentileza y dominio propio. En contra de estas cosas no existe ninguna ley (Gálatas 5:22-23).

10. *Vestimenta.* La cultura también se manifiesta así misma en la forma en que la gente se viste. Cómo lo hacemos habla mucho

de nuestros valores e ideales, así como también cómo nos sentimos. Todo esto tiene relación con nuestra cultura.

Por supuesto, dado que la ciudadanía del Reino es invisible, no existe cosa alguna en el Reino llamada *uniforme* o una manera prescrita de vestimenta. Pero existe algo como un cierto comportamiento que los ciudadanos del Reino deben llevar consigo y que los identifica como hijos del Rey. Las instrucciones de Simón Pedro a las mujeres ciudadanas del Reino se aplica igualmente a cada varón:

> *Vuestro atavío no sea el externo de peinados ostentosos, de adornos de oro o de vestidos lujosos, sino el interno, el del corazón, en el incorruptible ornato de un espíritu afable y apacible, que es de grande estima delante de Dios* (1 Pedro 3:3-4).

✓ 11. *Comidas.* La comida ha sido siempre un distintivo cultural. Algunos platos, algunos ingredientes y algunas especias están asociados con algunas regiones del mundo o algunas regiones en las naciones. El curry es un ingrediente típico de la cocina india. Los porotos y el arroz son típicos de México. Los *hot dogs* son innegablemente norteamericanos. En Las Bahamas son las arvejas, el arroz y la sopa de caracoles.

Como ciudadanos del Reino sobre la Tierra, necesitamos alimentos para fortalecer y nutrir nuestros cuerpos, pero también necesitamos comida celestial para nutrir nuestro espíritu. Jesús dijo:

> *No solo de pan vivirá el hombre, sino de toda palabra que sale de la boca de Dios* (Mateo 4:4b).

En otro momento Él le dijo a su círculo íntimo de seguidores:

> *Mi comida es que haga la voluntad del que me envió y que haga su obra* (Juan 4:34).

12. Permisos. Nosotros mostramos nuestra cultura a través de lo que permitimos. Recuerden: lo que atamos en la Tierra es atado en los cielos, y lo que desatamos en la Tierra es desatado en los cielos. Si nosotros *desatamos* lujuria e inmoralidad, esas cosas caracterizarán nuestra cultura. Si nosotros *desatamos* corrupción y deshonestidad, tendremos una cultura corrupta y deshonesta. Por otra parte, si nosotros *desatamos* amor, gozo, paz, paciencia, amabilidad, y etc., nuestra cultura reflejará esos rasgos. Como ciudadanos del Reino, tenemos la autoridad para atar y desatar para el bien social, moral y espiritual de nuestros semejantes. Esta es la razón por la cual es importante para nosotros involucrarnos y comprometernos con la cultura popular y desafiarlos con la cultura del Cielo.

13. Aceptación. Nuestra cultura se define también por lo que aceptamos. Mucha gente que dice ser creyente y aun ciudadana del Reino está inmersa en la cultura popular en tal grado, que por su lenguaje y estilo de vida es imposible decir a qué reino pertenecen, si al mundo o al Reino de los cielos. Mientras más a menudo escuchamos de nuevas ideas culturales, sociales o morales, más condescendientes nos volvemos hasta que en un cierto momento ya no nos parece nuevo. Lo hemos aceptado, y ahora se ha vuelto una norma cultural. Por eso necesitamos siempre estar alertas y evaluar cuidadosamente cada idea y filosofía que nos vengan a nuestro camino. Algunas de ellas puede que sean buenas. Pero otras, tal vez la mayoría, serán contrarias a la cultura, los valores y los ideales del Reino de los cielos. Cuando este sea el caso, como ciudadanos del Reino tenemos el deber y la responsabilidad de negarnos a aceptarlos.

14. Rechazos. Por otra parte, nuestra cultura también se manifiesta en lo que rechazamos. La cultura moderna y popular ha alcanzado el punto en donde casi no se rechaza nada. La actitud de *todo vale* prevalece en muchos círculos. Las reglas de lo "políticamente correcto" dirigen la vida con su determinación calculada y deliberada de ser bueno con todos, evitar herir los sentimientos de alguien y rehusarse a juzgar algo como maligno, inmoral o impropio. La cultura de hoy rechaza la idea de valores absolutos; todo es relativo. La cultura del Reino, por otro lado, rechaza el relativismo en favor de los valores absolutos de la inmutable Palabra de Dios. Si algunas cosas están bien, entonces otras cosas están mal y deben ser rechazadas. Jesús lo dijo de este modo:

El que no es conmigo, contra mi es; y el que conmigo no recoge, desparrama (Mateo 12:30).

No podemos tener las dos cosas. No podemos jugar para ambos equipos. Hay cosas buenas y malas, y los ciudadanos del Reino deben rechazar lo malo y abrazar lo bueno.

15. *Distinciones.* La cultura se manifiesta también en nuestras distinciones. ¿Qué nos distingue de otras culturas? ¿Qué hace que se distinga la cultura del Reino de la del mundo? No hablo tanto de las cosas externas, como vestirse o la forma de peinarse, sino más bien de las cualidades internas del carácter, valores y normas. Pablo dijo:

Porque en otro tiempo erais tinieblas mas ahora sois luz en el Señor; andad como hijos de luz (Efesios 5: 8).

16. *Niveles de calidad.* Y finalmente, la cultura se manifiesta en nuestros niveles de calidad. Dios nunca hace nada a medias, y tampoco deberíamos nosotros, sus hijos. En todo lo que hacemos, los ciudadanos del Reino deberíamos siempre estar a la vanguardia de la excelencia, liderando el camino para todos los demás en vez de estar siguiendo tras los pasos del mundo. En la vida del Reino, no tenemos que ser perfectos en lo que hacemos, porque somos gente imperfecta, pero eso no es una excusa para aceptar los trabajos mal hechos, proyectos

a medio terminar, o la actitud de quedarse con lo justo y necesario. Nuestro Rey demanda lo mejor de nosotros. Y Él no merece nada menos que eso. Por esta misma razón, debería ser nuestro gozo dar lo mejor de nosotros al Rey... y darlo libre y voluntariamente.

Principios

1. Cuando entendemos la cultura de un pueblo, entendemos al pueblo.

2. La cultura es el desarrollo de las facultades intelectuales y morales por medio de la educación, el cuidado experto y el entrenamiento.

3. La cultura es la iluminación y excelencia de gusto adquirida por el entrenamiento intelectual y estético.

4. La cultura es el patrón integrado del conocimiento humano, creencias y comportamiento que depende de la capacidad del hombre para aprender y transmitir conocimiento a las siguientes generaciones.

5. La cultura son las creencias tradicionales, fórmulas sociales, o rasgos materiales de una raza, religión o grupo social.

6. Se compone de actitudes compartidas, valores, metas y prácticas que caracterizan a una compañía o corporación.

7. Cultura significa crecer en un medio preparado.

8. La batalla por la Tierra es una batalla por la cultura.

Capítulo doce

Concepto n.º 9 de Reino:
Acerca de darle al rey

La Biblia trata sobre un Rey, un Reino y sus hijos

Como hemos visto a lo largo de este libro, Dios es el Rey del reino sobrenatural llamado Cielo, que es invisible, pero muy real. De hecho, es más real que la dimensión natural en la que los humanos vivimos, respiramos y somos, porque él existió antes que la dimensión natural y es la fuente de la cual se originó toda la naturaleza.

Dios creó la Tierra, dándole forma cuando no tenía ninguna y trayendo orden en medio del caos, no para dejarla vacía sino para que fuera habitada (vea Isaías 45:18). Su propósito y plan original fue extender su Reino celestial a la Tierra, traer su reinado invisible y sobrenatural al dominio visible y natural. Por esta razón Él creó a la humanidad, hombre y mujer, a su propia imagen y los revistió de cuerpos físicos de carne, sangre y huesos hechos del mismo material que la Tierra misma, para que ejercieran dominio sobre ella así como Él lo hacía sobre el Cielo. Ellos serían sus vicerregentes, gobernando en su nombre y bajo su autoridad.

Rey y reino son conceptos de origen celestial no terrenal. Dios escogió esos conceptos para describir su plan y programa para la humanidad y la Tierra. Por lo tanto, con el fin de entender a Dios, debemos entender el concepto de reinado y reino. Esa ha sido la intención y el propósito de este libro.

Adán fue creado como un rey y regente sobre la Tierra. Eso es solamente natural. Dios creó al hombre a su imagen y semejanza, y porque Dios era Rey, el hombre tenía que serlo también. Como rey de la Tierra, el hombre poseía ciertas cualidades y características únicas que lo diferenciaban de todas las otras criaturas sobre la Tierra. Una de esas cualidades era la autodeterminación. El hombre poseía la habilidad de razonar, de formular sus propios pensamientos e ideas y tomar sus propias decisiones. En esto era como su Creador. Fue dotado además de la capacidad de tener comunión íntima con Dios, de verlo cara a cara, un privilegio que ninguna otra criatura en la Tierra podía disfrutar.

El Creador le dio a Adán la Tierra como su dominio porque un rey no es rey a menos que tenga un territorio sobre el cual gobernar. Por el uso inapropiado de esta capacidad de autodeterminación, Adán se rebeló contra Dios y perdió su reino terrenal. El reinado fue usurpado por un *querubín desocupado*, un ángel caído rebelde que no tenía derecho ni autoridad para tomarlo. El hombre se convirtió en esclavo de su propio dominio.

Pero los dones y el llamado de Dios son irrevocables (vea Romanos 11:29). El plan y propósito original de Dios todavía estaban allí. Cuando el tiempo estaba dado en la historia, el Rey de los cielos envió a su Hijo a la Tierra a restablecer el reinado del Cielo aquí. Envió a su Hijo a restaurarle al hombre su Reino terrenal. Jesucristo entró a la vida pública proclamando un mensaje simple, pero profundo a la vez: *Arrepiéntanse, porque el Reino de los cielos está cerca* (Mateo 4:17b). Como humano y a la vez como Hijo de Dios, Jesús tenía la autoridad tanto de restaurar el Reino como de reinar sobre él. El reinado era suyo por derecho de nacimiento.

El reinado siempre es asunto de nacimiento o genealogía. Recordará que cuando Jesús estuvo frente a Pilato la mañana que iba a ser crucificado, y Pilato le preguntó si Él era el Rey de los judíos, Jesús respondió: *Eres tú quien dice que soy rey. Yo para esto nací...* (Juan 18:37b).

Jesús no fue el único en reconocer su reinado. En su nacimiento, había algunos que sabían quién era y por qué había venido:

Después que Jesús nació en Belén de Judea en tiempos del rey Herodes, llegaron a Jerusalén unos sabios procedentes del Oriente. '¿Dónde está el que ha nacido rey de los judíos?', preguntaron. 'Vimos levantarse su estrella y hemos venido a adorarlo' (Mateo 2:1-2).

La venida de Jesucristo como Rey demuestra otra importante característica de Dios: Él es *dador*. Primero, le dio al hombre la Tierra para que la gobernara. Luego, después de que el hombre perdió el Reino, Dios dio a su Hijo para que Él pudiera traer el Reino nuevamente al hombre. Jesús se dio a sí mismo, hasta el punto de la muerte, para salvar al hombre de los efectos y consecuencias de su rebelión contra Dios. En la venida de Jesús, y a lo largo de toda La Biblia vemos una y otra vez que dar es un principio fundamental del Reino de los cielos.

Dios es *dador*. De hecho, su honor como Rey de los Cielos demanda un regalo. Como Dios, Él da porque está en su naturaleza. Como ciudadanos del Reino, nosotros damos porque somos como Él, creados a su imagen y semejanza, y porque dar es una manera apropiada de honrar a un rey.

LOS SEIS PRINCIPIOS REALES DE DAR

1. *El poder de los reyes se muestra en su riqueza.* Cuanto más rico es el rey, mayor será su poder, o al menos la percepción de su poder a la vista de los demás. Por esta razón los reyes siempre buscan incrementar sus riquezas y expandir su territorio. La forma más obvia en que la riqueza exhibe el poder de un rey está en su habilidad de dar generosa, abundante e incluso imprudentemente de sus riquezas a sus ciudadanos así como también a extranjeros que visitan su reino.

Los reyes que gobiernan sobre tierras áridas y escasas en recursos, cuyos ciudadanos son pobres, son tenidos por pobres ellos mismos, faltos de poder e influencia y por lo tanto rechazados como no importantes. Pueden incluso ser percibidos como incapaces o impotentes de cuidar de sus ciudadanos y súbditos. Los reyes pobres, por lo tanto, desarrollan una reputación pobre, lo cual nos lleva al segundo principio.

2. *El propósito de la riqueza de un rey es asegurar su reputación, su gloria.* Cada rey serio desea ser conocido como bueno, benevolente, magnánimo y justo. Él está constantemente preocupado por el completo bienestar de su pueblo. Quiere ser capaz de mostrar al mundo que puede proveer para sus ciudadanos de todo lo que ellos necesitan. La carencia en un reino es una vergüenza para el rey.

Así que la reputación del rey está ligada a su habilidad de cuidar de sus ciudadanos, y esa habilidad está directamente relacionada con su riqueza. Un rey cuyo pueblo esté seguro en su provisión benevolente, será amado por su pueblo, respetado por otros reyes y gobernantes, y disfrutará de un reino estable y seguro. Su reputación estará firmemente establecida y su gloria brillará a su alrededor.

3. *La gloria de un rey es su poder para dar más que otros reyes.* Esta es otra razón por la que la riqueza es importante para un rey. Los reyes están profunda y constantemente preocupados por sus reputaciones, y ningún rey quiere que otro sea más rico, benevolente o generoso que él. Como consecuencia, los reyes dan libremente en respuesta a un regalo dado a ellos, o por pura beneficencia, a menudo desproporcionadamente con el valor del regalo recibido o el mérito del receptor.

Esto es definitivamente una característica del Rey de los Cielos. Como dueño literal de todo, Dios es el Rey más rico que fue, es y será. Nadie puede dar más que Dios. Y da libremente, sin relación con nuestro mérito o nuestra habilidad de devolver. No se olvide que Jesús nos aseguró que a su Padre le placía darnos el Reino. Y no exige que seamos *dignos* primero.

4. *Dar crea una demanda en la riqueza del rey.* La riqueza que no se usa no sirve para ningún propósito. Los reyes justos y benevolentes no buscan riquezas simplemente para su propio enriquecimiento y placer. No adquieren riquezas solo para

sentarse encima de ellas y decir: ¡Mírenme y vean qué rico soy! Los reyes buenos usan sus riquezas para traer prosperidad a su pueblo y mejorar la calidad de vida de ellos. De este modo la riqueza no se estanca ni se pudre. Cuidando de un principio fundamental sobre la acumulación de riquezas, los buenos reyes saben cómo hacer que su riqueza trabaje por ellos; dan para recibir más. Es un principio de reciprocidad: dar produce dar.

El principio de reciprocidad funciona en dos sentidos. Darle al rey pone una responsabilidad sobre su riqueza, porque el rey no puede permitirse recibir más de lo que da. Lo que reciba como un regalo, deberá devolverlo de forma multiplicada. Eso nos lleva al quinto principio sobre dar.

5. *Dar exige una respuesta de parte del rey.* Cuando le damos a un rey, él está obligado no solo a responder a nuestro regalo, sino también a superarlo. Cuando la reina de Sabá visitó al rey Salomón de Israel, con sus regalos de especias, grandes cantidades de oro y piedras preciosas, estaba siguiendo el protocolo. Sin embargo, ella no estaba preparada para la magnitud de la riqueza que encontró en la corte de Salomón:

La reina de Sabá se quedó atónita al ver la sabiduría de Salomón y el palacio que él había construido, los manjares de su mesa, los asientos que ocupaban sus funcionarios, el servicio y la ropa de los camareros, las bebidas, y los holocaustos que ofrecía en el templo del Señor. Entonces le dijo al rey: '¡Todo lo que escuché en mi país acerca de tus triunfos y de tu sabiduría es cierto! No podía creer nada de eso hasta que vine y lo vi con mis propios ojos. Pero en realidad, ¡no me habían contado ni siquiera la mitad! Tanto en sabiduría como en riqueza, superas todo lo que había oído decir'. Luego la reina le regaló a Salomón tres mil novecientos sesenta kilos de oro, piedras preciosas y gran cantidad de perfumes. Nunca más llegaron a Israel tantos perfumes como los que la reina de Sabá le obsequió al rey Salomón. El rey Salomón, por su parte, le dio a la reina de Sabá todo lo que a ella se le antojó pedirle, además de lo que él, en su magnanimidad, ya le había regalado. Después de eso, la reina regresó a su país con todos los que la atendían (1 Reyes 10: 4-7, énfasis añadido).

Tan abundante como fueron los regalos de la reina a Salomón, los de él hacia ella los sobrepasaron en gran manera.

El Rey de los Cielos es igual. Cuando le damos a Él, responde en bondadosa y mayor medida. Jesús dijo:

Den, y se les dará: se les echará en el regazo una medida llena, apretada, sacudida y desbordante. Porque con la medida que midan a otros, se les medirá a ustedes (Lucas 6:38).

Nunca podremos dar más que Dios. Dé, y Él le dará abundante y desbordantemente en retorno. Es un principio de su Reino. Además, su reputación y gloria están en juego.

6. *Darle a un rey atrae su riqueza a favor del dador.* Dar engendra dar. Este principio funciona en ambos sentidos. Los reyes dan de su riqueza para ganar más riqueza. Pero cuando le damos al Rey, provoca que vuelva a nosotros porque nuestra generosidad atrae la riqueza del Rey hacia nosotros.

Esto se relaciona directamente con el concepto de mayordomía contra propiedad. Cuando sentimos que poseemos lo que tenemos, tendemos a agarrarlo y aferrarlo cerca de nuestro pecho. En esa postura es imposible recibir más. No podemos recibir algo con los puños cerrados y los dedos agarrotados. Por otra parte, cuando nos acercamos al Rey con manos abiertas respecto a nuestras cosas, no solo podemos depositarlas a sus pies como un regalo, sino que también estamos en una postura como para recibir. Darle al Rey atrae sus riquezas porque Él es un dador y es atraído a todos los que tienen el mismo espíritu.

Siete razones para darle al rey

1. *El protocolo real indica que cuando visitamos a un rey debemos llevarle un regalo.* Por eso la reina de Sabá llevó regalos tan lujosos al rey Salomón aunque él era más rico que ella. Era parte del protocolo real. Él hubiera hecho lo mismo, si la hubiera visitado a ella.

Este protocolo de presentar un regalo al rey refleja un principio del Cielo. Cuando Dios le dio a Moisés la Ley para la nación de Israel, dejó en claro que cada vez que la gente viniera delante del Señor, tenían que traer una ofrenda o sacrificio de alguna clase, dependiendo de la ocasión. Nunca debían acercarse con las manos vacías. Dios le mandó a Moisés:

Nadie se presentará ante mí con las manos vacías (Éxodo 34:20b).

El principio es aplicable hoy en día. Siempre deberíamos acercarnos al Rey con un regalo de alguna clase para ofrecerle: un diezmo —el 10% de nuestros ingresos, alabanza, adoración, acción de gracias—; simplemente sin las manos vacías. El mejor regalo que podemos darle a Él es nuestro corazón y nuestra vida, libre y completamente.

2. *El regalo debe adecuarse al rey.* Peor que acercarse al rey sin nada es traer un regalo indigno de un rey. Un regalo inapropiado o inadecuado es lo mismo que un insulto para el rey. Muestra que el dador no respeta lo suficiente al rey o su autoridad. Por eso las leyes sacrificiales de los judíos —las cuales prefiguran al sacrificio de Cristo, el Cordero perfecto de Dios que tomó el pecado del mundo (vea Juan 1:29) — estipulaban que solo animales sin mancha y sin defectos podían ser ofrecidos en sacrificio. La gente estaba dándole un regalo al Rey, y su dádiva tenía que ser digna de Él.

Cuando el rey David de Israel se dispuso a edificar un altar al Señor, deseaba comprar una era cuyo dueño era un hombre llamado Arauna. Este le ofreció regalársela a David para su uso:

Pero el rey le respondió a Arauna: 'Eso no puede ser. No voy a ofrecer al Señor mi Dios holocaustos que nada me cuesten. Te lo compraré todo por su precio justo'. Fue así como David compró la parcela y los bueyes por cincuenta monedas de plata (2 Samuel 24:24).

David estaba tratando de detener la plaga en la tierra que él mismo con su desobediencia había causado. Luego de construir el altar y hacer los sacrificios, Dios le respondió sus oraciones y detuvo la plaga.

Dele un regalo al Rey que sea digno de Él. No le ofrezca algo que no le cueste nada.

3. *El regalo revela nuestra valoración o apreciación al rey.* La calidad de lo que le ofrecemos al Rey y la actitud con la que lo damos revela mucho más que nuestras palabras acerca del valor o la dignidad de quien recibe. Calidad no significa necesariamente que algo deba ser costoso o lujoso, pero sí que debemos ofrecer lo mejor. Y nuestro regalo no necesariamente debe tener un valor monetario. De mucho más valor para el Rey es el regalo de un corazón que busca primero su Reino y su justicia. El profeta hebreo Isaías registra las quejas del Señor para con su pueblo que devaluó su dignidad:

Este pueblo me alaba con la boca y me honra con los labios, pero su corazón está lejos de mí. Su adoración no es más que un mandato enseñado por hombres (Isaías 29:13).

Nuestros regalos para el Rey deberían ser siempre ofrecidos con un corazón sincero y un humilde reconocimiento de su grandeza y asombrosa majestad.

4. *La alabanza demanda un regalo y dar es alabar.* Alabar al Rey significa atribuirle valor o dignidad a Él. Y como ya hemos visto, eso siempre implica traerle un regalo. No hay alabanza genuina sin el acto de dar. Pero dar es en sí mismo un acto de alabanza, y la alabanza siempre es digna de un rey. Los magos que vieron su estrella en el oriente entendieron esto, por eso le trajeron regalos cuando vinieron a encontrarlo:

Cuando llegaron a la casa, vieron al niño con María, su madre; y postrándose lo adoraron. Abrieron sus cofres y le presentaron como regalos oro, incienso y mirra (Mateo 2:11).

La alabanza demanda un regalo, pero puede ser un regalo de adoración, de acción de gracias, de confesión, de rendición, de perdón, o de un corazón tierno y obediente así como un regalo monetario.

5. *Darle al rey atrae su favor.* Los reyes son atraídos hacia la gente que les da con un espíritu bien dispuesto y agradecido. Al igual que a los demás, al rey le gusta saber que es amado y apreciado. El Rey de los cielos no es la excepción. El Dador es atraído a los dadores y extiende su favor. Los regalos abren las puertas a las bendiciones, oportunidades y prosperidad:

Con regalos se abren todas las puertas y se llega a la presencia de gente importante (Proverbios 18:16).

Aquellos que conocen el protocolo de dar, obtienen acceso al salón del trono, mientras que los que no, se quedan fuera de las puertas.

Dar con un corazón generoso sin esperar recompensa o ningún favor en particular atrae el favor del Rey porque esa es la actitud más parecida a la suya. Y recompensa esa clase de espíritu:

Cualquiera que recibe a un profeta por tratarse de un profeta, recibirá recompensa de profeta; y el que recibe a un justo por tratarse de un justo, recibirá recompensa de justo. Y quien dé siquiera un vaso de agua fresca a uno de estos pequeños por tratarse de uno de mis discípulos, les aseguro que no perderá su recompensa (Mateo 10:41-42).

"Recibir" a un profeta o a un justo significa cuidar y suplir a esa persona sin esperar una devolución. Dar sin motivos ulteriores y sin dobleces es la clase de acto que atrae el favor del Rey.

6. *Darle al rey es reconocer que él es el dueño de todo*. Recuerde: los reyes son también señores; ellos poseen todo lo que hay en su dominio. Así que darle al rey es simplemente devolverle lo que ya es suyo. Por eso en el Reino de los cielos somos siempre mayordomos y nunca dueños.

Esta verdad está representada en La Biblia en los principios de las primicias y el diezmo. En cada cosecha, los judíos tenían que traer las *primicias* de la cosecha y ofrecerlas al Señor. Lo mismo se hacía con todos los primogénitos de los animales: ovejas, cabras, ganado. Además, el diezmo, el 10% del ingreso personal, las entradas y la producción debían ser dados al Señor. Todo esto con el propósito de reconocer la propiedad de Dios, su señorío, de todo lo existente, y su benevolencia y amor al permitirnos usar y prosperar a partir de sus recursos.

Los mismos principios se aplican hoy, al menos en el espíritu de reconocer la propiedad de Dios. Los ciudadanos del Reino todavía debieran dar el diezmo regularmente como un acto de fe y de alabanza, reconociendo no solo la propiedad de Dios sino también su provisión diaria para las necesidades así como también sus abundantes bendiciones.

7. *Darle a un rey es hacer acción de gracias*. Una de las mejores maneras de expresar gratitud es con un regalo. La gratitud expresada es en sí misma un regalo. Observe la frase *acción de gracias*. Significa dar gracias de manera activa. A todo el mundo le gusta sentirse apreciado. A veces el mejor regalo que podemos darle a una persona es simplemente expresar un

sincero agradecimiento por un regalo dado o por una bondad recibida. Con Dios es lo mismo. Expresar nuestro agradecimiento a Dios con un corazón sincero es ofrecerle un regalo que Él recibirá con todo deleite.

CINCO RAZONES PARA DAR

Dar es algo natural para los reyes. Como ciudadanos del Reino e hijos del Rey, nosotros también somos reyes. Como este es el caso, a continuación hay varios principios a seguir:

1. *Si todos somos reyes, entonces debemos darnos unos a otros.* Recuerde: nunca hay que acercarse a un rey sin un regalo.

2. *Cuando damos al Cuerpo, le damos a Cristo el Rey.* Porque Cristo vive en nosotros a través del Espíritu Santo, cada vez que nos damos unos a otros, le estamos dando a Él.

3. *Cada vez que nos encontramos, dar debería ser automático.* Si queremos ser como nuestro Rey, que nos creó a su imagen y semejanza, entonces un espíritu dadivoso debería ser habitual en nosotros.

4. *Los sabios sabían que había un Rey mayor en la Tierra.* Por eso le trajeron presentes y lo adoraron. Él está aun sobre la Tierra, en los corazones y vidas de sus ciudadanos. De modo que cada vez que damos, lo hacemos como si le estuviéramos dando a Él.

5. *Cuando le damos a un rey, demandamos lo que Él posee.* Dar produce dar. Cuando le damos al Rey de los Cielos, lo obligamos a dar a cambio. Esta no es una declaración presuntuosa sino la expresión de un principio que Él estableció. Cuando damos, Él da; cuando retenemos, Él retiene.

EL REGALO MÁS IMPORTANTE

El mayor y primordial regalo que el Rey quiere de parte de nosotros se resume en estas palabras:

Ama al Señor tu Dios con todo tu corazón y con toda tu alma y con todas tus fuerzas (Deuteronomio 6:5).

Dar activa la obligación real.

Dele su vida y reciba la vida de Él.

... recordando las palabras del Señor Jesús: 'Hay más dicha en dar que en recibir' (Hechos 20:35).

Principios

1. Dar es un principio fundamental en el Reino de los cielos.
2. Dios es dador.
3. El poder de los reyes se muestra en su riqueza.
4. El propósito de la riqueza de un rey es asegurar su reputación, su gloria.
5. La gloria de un rey en su poder es dar más que otro rey.
6. Dar demanda de la riqueza del rey.
7. Dar exige una respuesta de parte del rey.
8. Darle al rey dirige su riqueza hacia el dador.
9. El protocolo real dice que siempre que se visita a un rey, debe dársele un regalo.
10. El regalo debe ser apropiado para el rey.
11. El regalo revela nuestra valoración o apreciación del rey.
12. La alabanza demanda un regalo y dar es alabar.
13. Darle a un rey atrae su favor.
14. Darle al rey es reconocer su propiedad en todo.
15. Darle a un rey es hacer acción de gracias.
16. Dar produce dar.
17. Dar activa la obligación real.
18. Dele a Él su vida y reciba la vida de Él.

Esperamos que este libro
haya sido de su agrado.
Para información o comentarios,
escríbanos a la dirección
que aparece debajo.

Muchas gracias.

info@peniel.com
www.peniel.com

Made in the USA
Middletown, DE
09 May 2017